L'ART

DE ·

PEINTURE

DE

CHARLES ALPHONSE

DV FRESNOY,

Traduit en François,

AVEC DES REMARQVES
necessaires & tres-amples.

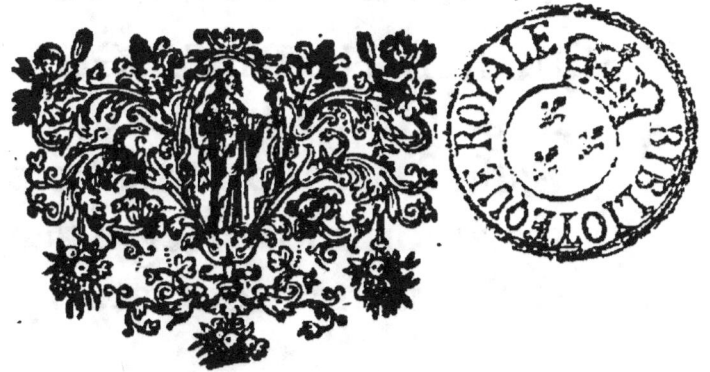

A PARIS,

Chez NICOLAS L'ANGLOIS, ruë Saint Jacques
à la Victoire.

M. DC. LXVIII.
Avec Privilege du Roy.

ILLUSTRISSIMO

CLARISSIMOQUE

DOMINO D.

IOANNI BAPTISTÆ

COLBERT,

MARCHIONI DE SEIGNELAY,
Reg. Ord. Quæſtori, Ærarij
Gallici Artium, Ædificiorum,
maximorumqueRegni negotio-
rum ſummo Moderatori, &c.

 *EMO eſt bonorum
Artium ſtudioſus,* VIR
ILLUSTRISSIME, *quem
Regis Maximi benevolentia*

EPISTOLA.

non excitet, quique felicia illa
Alexandri Augustique tempora non recordetur, quibus tanti
quisque fiebat à Principe, quantum civitatem tueri vel ornare
valeret. Nec est qui dubitare
possit serio à Rege illas diligi,
cùm eundem videt illis colen-
dis augendisque præpositum, cui
pleraque vel maximi momenti
negotia credita sunt; teque
animadvertit inter innumeras
occupationes, Ædificia, Signa,
Picturas, cæteraque hujusmodi
curare ut Regis Augustissimi
magnitudine digna sint. Ego
quantum in me fuit, VIR
ILLUSTRISSIME, Regis
voluntati sum obsecutus; Pi-
cturæque, quam præ cæteris ei
placere, tibi imprimis curæ esse

EPISTOLA.

videbam, impensiùs me dedi. Cùm Artem illam ab ineunte atate exercuissem, cùmque satis multa ejus Artis Præcepta collegissem, quæ prodesse aliis non parum posse viderentur; ea tamen, quandiu corpore valui, sequi pingendo satius esse credidi, quàm scribendo tradere, Tyronesque Tabulis malui docere quàm Libris. Verùm ex quo manibus totique adeo corpori motum dira Paralysis ademit, nec quidquam mihi sani præter mentem vocemque relictum est, visum est calamitosum otium lucri facere, idque curare ne inutilis omnino essem & terræ pondus. Recensui ergo quæ ante annos duos & tringinta Romæ de Pictura meditabar, carmine

EPISTOLA.

scripta ut ætas juvenilis & Artis utriusque cognatio suaserat. Ea qualicumque edere amicis hortantibus decrevi. Nefas autem esse putavi quidquam hujusmodi publicè, nisi te probante ac fovente, proponere. Vale.

Addictissimus & devotissimus tuus, C. A. D. F.

PREFACE.

PREFACE.

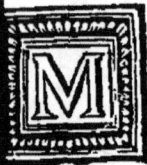

MON CHER LECTEUR,

D E tous les beaux Arts celuy qui a le plus d'Amateurs, eſt ſans doute la Peinture; & le nombre en eſt preſque auſſi grand que celuy des hommes : On en voit meſme quantité qui ſe piquent de s'y connoiſtre, ou parce qu'ils ont frequenté les Peintres, ou parce qu'ils ont veu les bons Tableaux, ou enfin parce qu'ils ont le gouſt naturellement bon. Cependant cette connoiſſance (ſi tant eſt qu'ils en ayent) eſt ſi ſuperficielle & ſi mal établie, qu'il leur eſt impoſſible de dire en quoy conſiſte la beauté des Ouvrages qu'ils admirent, ou le deffaut de la pluſpart de ceux qu'ils condamnent. Et certes il eſt aiſé de voir que cela ne vient d'autre choſe que de ce qu'ils n'ont point de Regles pour en juger, ny de Fondemens ſolides, qui ſont autant de Lumieres qui éclairent l'entendement, & qui le conduiſent dans une entiere & parfaite connoiſſance. Je ne penſe pas qu'il ſoit neceſſaire de faire voir icy que la Peinture en doit avoir; il ſuffit que vous ſoyez perſuadé qu'elle eſt un Art : car, comme vous ſçavez, il n'y a point d'Art qui n'ait ſes Preceptes. Je me contenteray ſeulement de vous dire que ce petit Traité vous en donne d'infaillibles, puis qu'ils ſont fondez ſur la raiſon & ſur les plus beaux Ouvrages des meilleurs Peintres, que noſtre Autheur a examinez l'eſpace de plus de trente années,

PREFACE.

& fur lefquels il a fait toutes les reflexions neceffair
pour rendre fon Livre digne de la Pofterité. Et que
qu'il foit fort petit, il contient neantmoins de grand
chofes, & ne laiffe rien échaper qui foit effentiel à
matiere qu'il traite : Si vous voulez prendre la peine
le lire avec un peu d'attention, vous trouverez fans do
te, qu'il eft bien capable de donner la plus fine & la pl
delicate connoiffance à ceux qui aiment la Peintur
comme à ceux qui en font profeffion.

Il feroit trop long de vous faire voir en détail l
avantages qu'il a par deffus les autres qui ont paru de
vant luy ; vous aurez auffi-toft fait de le lire, pour e
juger vous-mefme. Tout ce que je vous en puis dir
c'eft qu'il n'y a pas un mot qui ne porte dans celuy-c
& que dans les autres il s'y rencontre deux deffau
confiderables, C'eft qu'avec ce qu'ils en difent trop
ils n'en difent pas encore affez. J'efpere enfin qu
vous avouerez qu'il eft utile prefque à tout le monde
aux Amateurs, pour s'en inftruire à fond, & pour e
juger avec connoiffance de caufe ; & aux Peintres, pou
travailler fans inquietude & avec plaifir ; puis qu'ils fe
ront en quelque façon affurez de la bonté de leur Ou
vrage. Il en faut ufer comme d'une liqueur precieufe,
laquelle on prend d'autant plus de gouft que l'on e
boit peu : Lifez-le fouvent, lifez-en peu, mais goûte
le bien, & ne paffez pas legerement les endroits qu
vous verrez marquez d'une *, fur lefquels il y a d
Remarques, qui vous en donneront plus d'intelligenc
Vous les trouverez par le moyen des nombres qui fon
cofté de la Verfion de cinq en cinq Vers, en cherchai
pareil nombre dans les Remarques qui font à la fi
& qui font diftinguées les unes des autres par cet
marque ¶.

Vous trouverez dans les dernieres pages de ce Liv
les Sentimens de l'Autheur fur les Peintres qui fe fo
acquis le plus de reputation, & parmi lefquels il n

PREFACE.

as voulu comprendre ceux qui eſtoient encore en vie.
On vous les donne tels qu'on les a trouvez écrits de ſa
main parmi ſes papiers.

Pour la Traduction que vous verrez à coſté des
Vers Latins, voicy par quelle occaſion & de quelle
maniere elle a eſté faite. La paſſion que j'ay pour la
Peinture, & le plaiſir qu'elle me donne lors que je m'y
exerce quelque-fois, me firent rechercher avec empreſ-
ſement l'amitié de feu Monſieur du Freſnoy, à cauſe
des grandes Lumieres que j'ay toûjours oüi dire qu'il
avoit de ce bel Art : Et noſtre connoiſſance vint à tel
point, qu'il me confia ſon Poëme, qu'il croyoit que j'entendois aſſez bien, pour me prier de le mettre en noſtre
Langue. Et en effet nous nous en eſtions entretenus ſi
ſouvent, & il m'avoit fait entendre ſes penſées de telle
ſorte, qu'il ne m'avoit pas permis de douter de la moindre choſe. J'entrepris donc de le traduire ; & je m'y
employay avec plaiſir & avec tout le ſoin qui me fut
poſſible : en ſuite de quoy, je luy communiquay, & y
changeay tout ce qu'il voulut, juſqu'à ce qu'il fuſt enfin
à ſa phantaiſie, & tel qu'il vouloit luy faire voir le jour.
Mais la mort l'ayant prevenu, j'ay crû que c'eſtoit faire tort à ſa memoire, que de priver plus long-temps le
Public de cette Verſion, que l'on peut dire aſſurément
eſtre dans le veritable ſens de l'Autheur & ſelon ſon
gouſt ; puiſque luy-meſme en a rendu de grands témoignages à quelques-uns de ſes Amis, & que ceux qui
l'ont connu ſçavent tres-bien qu'il n'eſtoit pas d'humeur à me rendre cette complaiſance contre ſa penſée.
J'ay crû que je devois dire cecy touchant la fidelité de
ma Traduction pour ceux qui n'entendent pas le Latin :
car pour les autres qui ont la connoiſſance de l'une & de
l'autre Langue, ils en pourront juger facilement.

Les Remarques que j'ay miſes enſuite ſont encore
entierement conformes aux Sentimens de l'Autheur ; &
je ſuis certain qu'il ne les auroit pas deſapprouvées. J'ay

PREFACE.

tâché d'y expliquer les endroits les plus difficiles & le
plus neceſſaires de la maniére à-peu-prés que je l'en ay
oüi parler dans les converſations que j'ay eües avec luy.
Je les ay faites les plus courtes & les moins ennuyeuſes
que j'ay pû ; afin de les faire lire à tout le monde. Que
ſi quelques-uns ne les trouvent pas à leur gouſt, comme
il arrivera ſans doute, je les leur abandonne, & je ne
ſeray pas fâché qu'un autre faſſe mieux : Je les ſupplie
ſeulement de vouloir bien dans la Lecture qu'ils en feront, n'apporter aucun gouſt particulier, ny aucune
prevention d'eſprit : & que la bonne ou mauvaiſe opinion qu'ils en doivent prendre, vienne d'eux-meſmes,
ſans qu'elle leur ſoit inſpirée par autruy.

Fin de la Preface.

POVR SOVLAGER LES AMATEVRS
de Peinture qui n'ont pas toute l'intelligence
des Termes de cet Art, j'ay trouvé à propos
d'expliquer ceux qui me sont venus dans la
memoire, & qui pouroient faire quelque
peine dans la lecture de ce Livre.

FIGURE.

QUOIQUE ce mot soit fort general & qu'il signifie tout ce qui peut estre décrit par plusieurs lignes, neantmoins en Peinture il se prend ordinairement pour des Figures humaines.

ATTITUDE.

Vient du mot Italien, *Attitudine*, qui veut dire l'action & la posture où l'on met les Figures que l'on represente.

GROUPPE.

Est un amas de plusieurs corps assemblez en un peloton ; & l'on dit Grouppe de Figures, Grouppe d'animaux, Grouppe de fruits &c. Il y en peut aussi avoir de corps de diverse nature, & l'on dit telle & telle choses font grouppe avec telle & telle autres. Les Italiens disent, *Groppo*, qu'ils ont pris du mot Latin, *Globus*.

CONTOURS.

Les Contours sont les superficies des corps & les lignes qui les entourent.

CLAIR-OBSCUR.

Clair-obscur est la science de placer les jours & les ombres ; ce sont deux mots que l'on prononce comme un seul, & au lieu de dire le clair & l'obscur ; l'on dit le Clair-obscur, à l'imitation des Italiens qui disent

Chiaro-scuro. Et pour dire qu'un Peintre donne à ses Figures un grand relief & une grande force, qu'il débroüille & qu'il fait connoistre distinctement tous les objets du Tableau, pour avoir choisi sa lumiere avantageuse, & pour avoir sceu disposer les corps en sorte que recevant de grandes lumieres, ils soient suivis de grandes ombres, on dit, Cet homme-là entend fort-bien l'artifice du Clair-obscur.

S V E L T E.

C'est à dire, agile & de taille dégagée. Nous l'avons de l'Italien, *Svelto.*

P R O N O N C E R.

Prononcer se dit en Peinture des parties du corps, comme dans l'expression ordinaire il se dit des paroles. Le langage de la Peinture est le langage des muets ; elle ne se fait entendre que lorsque certaines parties s'accordent ensemble, & sont disposées de maniere qu'elles expriment les sentimens du cœur de mesme que font les paroles quand elles sont jointes: & l'on dit, prononcer une main, un bras, une épaule, un genoüil, ou quelqu'autre partie, pour dire, la marquer, la specifier, la débroüiller, la donner à connoistre parfaitement ; comme on dit prononcer une telle parole, pour dire la donner à entendre distinctement & sans bégayer.

M A N I E R E.

Nous appellons Maniere l'habitude que les Peintres ont prise, non seulement dans le maniement du pinceau, mais encore dans les trois principales parties de la Peinture, Invention, Dessein & Coloris : & selon que cette habitude aura esté contractée avec plus ou moins d'étude & de connoissance du beau Naturel & des belles choses qui se voyent de Peinture & de Sculpture, on l'appelle bonne ou mauvaise maniere. C'est par cette *Maniere* dont il est icy question que l'on reconnoiſt l'Ouvrage d'un Peintre dont on a déja veu quelque Tableau, de meſme que l'on reconnoiſt l'écriture & le ſtile d'un homme de qui on a déja receu quelque lettre. L'on dit meſme, connoiſtre les Manieres, pour dire connoiſtre de pluſieurs Tableaux l'Ouvrage de chaque Peintre en particulier.

GOUST.

Gouſt en Peinture eſt une Idée qui ſuit l'inclination que les Peintres ont pour certaines choſes : L'on dit, Voila un Ouvrage de grand Gouſt, pour dire, Que tout y eſt grand & noble; que les parties ſont prononcées & deſſeignées librement; que les airs de teſtes n'ont rien de bas chacune dans ſon eſpece; que les plis des draperies ſont amples, & que les jours & les ombres y ſont largement étendus. Dans cette ſignification l'on confond ſouvent Gouſt avec Maniere; & l'on dit tout de meſme : Voila un Ouvrage de grande Maniere.

CHAMP DU TABLEAU.

Le Champ, le Fond & le Derriere du Tableau ne ſignifient qu'une meſme choſe, ſinon que l'on appelle plus ordinairement Fond, ce qui eſt derriere les objets en particulier, & l'on dit, une telle choſe fait fond à telle autre; une draperie, par exemple, fait fond à un bras, une terraſſe fait fond à une figure, une figure à une autre, un ciel à un arbre, ou à autre choſe, & ainſi du reſte.

COULEUR ROMPUE.

On appelle Couleur rompuë, celle qui eſt diminuée & corrompuë par le mélange d'une autre (excepté du blanc qui ne peut pas corrompre, mais qui peut eſtre corrompu) on peut dire par exemple qu'un tel azur d'outremer eſt rompu de laque & d'occre jaune quand il y entre un peu de ces deux dernieres couleurs : & ainſi des autres. Les couleurs rompuës ſervent à l'union & à l'accord des couleurs, foit dans les tournans des corps & dans leurs ombres, foit dans toute leur maſſe. Titien, Paul Veroneſe & tous les Lombards ont bien mis ces ſortes de couleurs en pratique.

ESQUISSE.

Eſquiſſe eſt un premier crayon ou une legere ébauche d'un Ouvrage que l'on medite. Les Italiens diſent, *Schizzo*.

ELEVE.

Pour dire diſciple. Nous l'avons du mot Italien, *Allievo*, qui veut dire la meſme choſe.

Fautes à corriger.

		Fautes.	*Corrections.*
Pag. 31.	Lign. 5.	foient,	font.
pag. 41.	lig. 8.	Calore,	Colore.
pag. 91.	lig. 5.	Torrebat,	Torrebat
pag. 95.	lig. 12.	lequel,	laquelle.
Idem.	lig. 28.	*& luy convient,*	*& qui luy convient.*
pag. 97.	lig. 22.	une Grouppe,	un Grouppe.
pag. 111.	lig. 34.	beuuvoit,	beuvoit.
pag. 127.	lig. 19.	de Theoréme,	du Theoréme.

TABLE
DES PRECEPTES
Contenus en ce Traité.

TABLE.

Fin de la Table.

DE L'ART

DE

PEINTVRE

DE ARTE
GRAPHICA
LIBER.

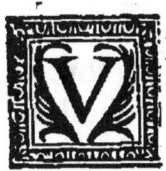T Pictura Poësis erit;
similisque Poësi

Sit Pictura, refert par æmula quæque
sororem,

Alternantque vices & nomina; muta Poësis
Dicitur hæc, Pictura loquens solet illa vocari.
Quod fuit auditu gratum cecinêre Poëtæ,
Quod pulchrum aspectu Pictores pingere curant;
Quæque Poëtarum numeris indigna fuêre,
Non eadem Pictorũ operam studiumq; merentur:
Ambæ quippe sacros ad Relligionis honores
Sydereos superant ignes, Aulamque Tonantis
Ingressæ, Divûm aspectu, alloquioque fruuntur;

DE L'ART
DE
PEINTVRE.

Les endroits que vous verrez icy marquez
d'une * font plus amplement expliquez
dans les remarques.

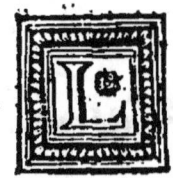 A Peinture & la Poëſie ſont deux
Sœurs qui ſe reſſemblent ſi fort en
toutes choſes, qu'elles ſe preſtent
alternativement l'une à l'autre
leur office & leur nom : On appel-
le la premiere une Poëſie muette, & l'autre une
Peinture parlante. Les Poëtes n'ont jamais
rien dit que ce qu'ils ont crû qui pouvoit flater
les oreilles, & les Peintres ont toûjours cherché
ce qui pouvoit donner du plaiſir aux yeux: Enfin
ce qui a eſté indigne de la plume des uns, l'a eſté
pareillement du pinceau des autres. * Car pour
contribuer toutes deux aux ſacrez honneurs de
la Religion, elles s'élevent juſques dans les
Cieux; & ayant les entrées libres dans le Palais
de Iupiter, elles jouïſſent de la veüe & de la
converſation des Dieux, dont elles obſervent la

majeſté, & conſiderent la merveille de leurs diſcours, pour en faire part aux hommes, auſquels
elles inſpirent en meſme temps ce feu celeſte
que l'on voit dans leurs Ouvrages. De là elles
coûrent par tout l'Univers, & n'épargent ny
ſoins ny études pour recüeillir ce qu'elles trouvent digne d'elles ; elles foüillent, pour ainſi
dire, tous les ſiecles paſſez, & cherchent dans
leurs hiſtoires des Sujets qui leur ſoient propres;
& prennent bien garde d'en traiter d'autres que
ceux, qui par leur nobleſſe, ou par quelque acci-
dent remarquable, meritent d'eſtre conſacrez à
l'Eternité, ſoit ſur la mer, ſoit ſur la terre, où
dans les Cieux. Et c'eſt par ce moyen que la
gloire des Heros ne s'eſt pas éteinte avec leur
vie, & que ces merveilleux Oüvrages, ces Pro-
diges de l'Art, que nous admirons encore tous
les jours, ſe ſont heureuſement conſervez(*Tant
ces Arts divins ont eſté honorez, & tant ils ont
eu de puiſſance.)

Il n'eſt pas neceſſaire d'implorer icy le ſecours d'Apollon, ny celuy des Muſes, pour la
grace du diſcours, ny pour la cadence des vers,
leſquels n'eſtant que preceptes, n'ont pas tant
beſoin d'ornement, que de netteté.

Ie ne pretens pas avec ce traité lier les mains
des Ouvriers, dont la ſcience ne conſiſte que
dans une certaine pratique qu'ils ont affectée
& dont ils ſe ſont faits comme une routine : Ie
ne veux pas non plus étoufer le Genie par un
amas de Regles, ny éteindre le feu d'une veine
qui eſt vive & abondante : mais plûtoſt faire en
ſorte que l'Art fortifié par la connoiſſance des
choſes, paſſe en nature peu à peu & comme par
degrez, & qu'en ſuite il devienne un pur Genie,

Oraq; magna Deûm, & dicta observata reportant,
Cœlestemque suorum operum mortalibus ignem.
Inde per hunc orbem studiis coëuntibus errant,
Carpentes quæ digna sui, revolutaque lustrant
Tempora, quærendis consortibus Argumentis.
Denique quæcumque in cœlo, terraque, marique
Longius in tempus durare, ut pulchra, merentur,
Nobilitate sua claroque insignia casu,
Dives & ampla manet Pictores atque Poëtas
Materies, inde alta sonant per sæcula mundo
Nomina, magnanimis Heroïbus inde superstes
Gloria, perpetuòque operum miracula restant,
Tantus inest divis honor Artibus atque potestas.
Non mihi Pieridû chorus hîc nec Apollo vocād°,
Majus ut eloquium numeris aut gratia fandi
Dogmaticis illustret opus rationibus horrens :
Cum nitida tantùm & facili digesta loquela,
Ornari præcepta negent, contenta doceri.
Nec mihi mens animusve fuit constringere nodos
Artificum manibus, quos tantùm dirigit usus,
Indolis ut vigor inde potens obstrictus hebescat,
Normarum numero immani Geniumq; moretur:
Sed rerum ut pollens Ars cognitione gradatim

Natura se se insinuet, Verique capacem

Transeat in Genium, Geniusq; usu induat Artem.

Præcipua imprimis Artisque potissima pars est,

Nosse quid in rebus Natura crearit ad Artem,

Pulchrius, idq; Modu juxta, Mentemq; Vetusta,

Qua sine barbaries cæca & temeraria Pulchrum

Negligit, insultans ignotæ audacior Arti,

Vt curare nequit, quæ non modo noverit esse.

Illud apud Veteres fuit unde notabile dictum;

(Nil Pictore malo securius atque Poëta.)

Cognita amas, & amata cupis, sequerisq; cupita,

Passibus assequeris tandem quæ fervidus urges:

Illa tamen quæ pulchra decent; non omnia casus

Qualiacumque dabunt, etiamve simillima veris:

Nam quacumq; modo servili haud sufficit ipsam

Naturam exprimere ad vivum, sed ut Arbiter
Artis

Seliget ex illa tantum pulcherrima Pictor.

Quodque minus pulchrum, aut mendosum cor-
riget ipse

Marte suo, formæ veneres captando fugaces.

capable de bien choifir le Vray, & de fçavoir
faire le difcernement du beau Naturel d'avec le
bas & le mefquin, & que le Genie par l'exercice
& par l'habitude s'acquiere parfaitement toutes
les regles & tous les fecrets de l'Art.

 * La principale & la plus importante partie
de la Peinture, eft de fçavoir connoiftre ce que
la Nature a fait de plus beau & de plus convenable à cet Art ; *& que le choix s'en faffe felon le
Gouft & la Maniere des Anciens, * fans laquelle
tout n'eft qu'une barbarie aveugle & temeraire,
qui neglige ce qui eft de plus beau, & femble
avec une audace effrontée infulter à un Art
qu'elle ne connoift point ; ce qui a donné lieu à
ces paroles des Anciens, *Qu'il n'y a perfonne*
qui ait plus de hardieffe & de temerité, qu'un
méchant Peintre & un méchant Poëte, qui ne
connoiffent pas leur ignorance.

 * Nous aimons ce que nous connoiffons, nous
defirons ce que nous aimons, nous pourfuivons
les chofes que nous avons defirées, & nous arri-
vons enfin au but où nous courons avec conftan-
ce. Cependant vous ne devez pas vous attendre
que la fortune & le hazard vous donnent infail-
liblement les belles chofes ; quoy que celles que
nous voyons foient vrayes & naturelles, elles
ne font pas toûjours pour la bienfeance & pour
l'ornement : car ce n'eft pas affez d'imiter de
point en point d'une maniere baffe toute forte de
Nature ; mais il faut que le Peintre en prenne ce
qui eft de plus beau, * comme l'Arbitre fouverain de fon Art, & que par le progrez qu'il y
aura fait, il en fçache reparer les defauts, &
n'en laiffe point échaper les beautez * fuyantes
& paffageres.

I. Precepte
Du Beau.

A iiij

* De mesme que la seule Pratique destituée des lumieres de l'Art, est toûjours preste de tomber dans le precipice comme une aveugle, sans pouvoir rien produire qui contribuë à une solide reputation; ainsi la Theorie sans l'aide de la main, ne peut jamais atteindre à la perfection qu'elle s'est proposée: mais elle languit dans sa paresse comme dans sa prison, & ce n'est pas avec la langue qu'Apelle a produit de si beaux Ouvrages. Quoy qu'il y ait donc plusieurs choses dans la Peinture, dont on ne puisse pas donner de regles si precises (* veu que les plus belles choses ne se peuvent souvent exprimer faute de termes) je ne laisseray pourtant pas d'en donner quelques-unes que j'ay choisies parmi les plus belles que nous avons receuës de la Nature cette sçavante maistresse, apres l'avoir examinée à fond, aussi-bien que ces chefs-d'œuvres de l'Antiquité * les premiers Exemplaires de l'Art: Et c'est par ce moyen que l'esprit & la disposition naturelle se cultivent, & que la science perfectionne le Genie, & modere * cette fureur de veine qui ne se retient dans aucunes bornes, & qui porte bien souvent dans des extremitez fâcheuses: car il y a un milieu dans les choses & de certaines mesures, où demeure le bien sans qu'il en sorte jamais.

Cela posé, il faudra choisir * un Sujet beau, & noble, qui estant de soy-mesme capable de toutes les graces & de tous les charmes que peuvent recevoir les Couleurs & l'élegance du Dessein, donne ensuite à l'Art parfait & consommé un beau champ & une matiere ample de montrer tout ce qu'il peut, & de faire voir quelque chose de fin & de judicieux, * qui soit plein

Vtque manus grandi nil nomine practica dignũ

Assequitur, purum arcanæ quam deficit Artis

Lumen, & in præceps abitura ut cæca vagatur;

Sic nihil Ars operâ manuum privata supremum

Exequitur, sed languet iners uti vincta lacertos;

Dispositumque typum non linguâ pinxit Apelles.

Ergo licet tota normam haud possimus in Arte

Ponere, (cùm nequeant quæ sunt pulcherrima dici)

Nitimur hæc paucis, scrutati summa magistræ

Dogmata Naturæ, Artisque Exemplaria prima

Altiùs intuiti; sic mens habilisque facultas

Indolis excolitur, Geniumque scientia complet,

Luxuriansq; in monstra furor compescitur Arte:

Est modus in rebus, sunt certi denique fines,

Quos ultra citraque nequit consistere rectum.

II. Præceptum.
De Speculatione & Praxi.

His positis, erit optandum Thema nobile, pulchrum,

Quodq; venustatum circa Formam atq; Colorem

Sponte capax amplam emerite mox præbeat Arti

III. Præceptũ.
De Argumento

Materiam, retegens aliquid salis & documenti.

Tandem opus aggredior, primòque occurrit
in Albo

Disponenda typi concepta potente Minervâ

INVENTIO
prima Picturæ
pars.

Machina, quæ noſtris Inventio *dicitur oris.*

Illa quidem priùs ingenuis inſtructa Sororum
Artibus Aonidum, & Phœbi ſublimior æſtu.

Quærendaſque inter Poſituras, luminis, umbræ,

IV.
Diſpoſitio, ſive
operis totius
œconomia.

Atque futurorum jam præſentire colorum
Par erit harmoniam,captando ab utriſq;Venuſtû.

V.
Fidelitas Argu-
menti.

Sit Thematis genuina ac viva expreſſio juxta
Textum Antiquorũ,propriis cum tempore formis

VI.
Inane rejicien-
dum.

Nec quod inane, nihil facit ad rem, ſive videtur
Improprium, minimèque urgens, potiora tenebit
Ornamenta operis ; Tragicæ ſed lege ſororis
Sũma ubi res agitur, vis ſumma requiritur Artis.
Iſta labore gravi, ſtudio, monitiſque Magiſtri
Ardua pars nequit addiſci rariſſima : namque
Ni priùs æthereo rapuit quod ab axe Prometheus
Sit jubar infuſum menti cum flamine vitæ,
Mortali haud cuivis divina hæc munera dãtur,
Non uti Dædaleam licet omnibus ireCorinthum.
Ægupto informis quondamPictura reperta,

de fel , & qui foit propre à inftruire & à éclairer les efprits.

Enfin j'entre en matiere, & je trouve d'abord une toile nüe : * où il faut difpofer toute la Machine (pour ainfi dire) de voftre Tableau, & la pensée d'un Genie facile & puiffant, * qui eft juftement ce que nous appellons I N V E N T I O N.

INVENTION premiere partie de la Peinture.

* C'eft une Mufe, qui eftant pourveüe des autres avantages de fes Sœurs , & échauffée du feu d'Apollon , en eft plus élevée , & en brille d'un plus beau feu.

* Il eft fort à propos,en cherchant les Attitudes, de prevoir l'effet & l'harmonie des Lumieres & des Ombres avec les Couleurs qui doivent entrer dans le Tout, prenant des unes & des autres ce qui doit contribuer davantage à produire un bel effet.

I V. Difpofition ou œconomie de tout l'ouvrage.

* Que vos compofitions foient conformes au texte des anciens Autheurs , aux coûtumes & aux temps.

V. Fidelité du Sujet.

* Donnez-vous de garde que ce qui ne fait rien au Sujet & qui n'y eft que peu convenable, entre dans voftre Tableau, & en occupe la principale place : Mais imitez en cecy la Tragedie, Sœur de la Peinture , qui déploye toutes les forces de fon Art où le fort de l'action fe paffe.

VI. Qu'il faut rejetter ce qui affadit le Sujet.

* Cette Partie fi rare & fi difficile ne s'acquiert point, ny par le travail, ny par les veilles, ny par les confeils & les preceptes des Maiftres: car il n'y a que ceux , qui ont receu en naiffant quelque partie de ce Feu celefte * que déroba Promethée , qui foient capables de recevoir ces divins prefens ; comme * il n'eft pas permis à tout le monde d'aller à Corinthe.

Ce fut chez les Egyptiens que la Peinture

parut la premiere fois, toute difforme à la verité; mais ayant paſſé aux Grecs, qui par leurs ſoins & la force de leur eſprit la cultiverent, * elle arriva à tel point de perfection. qu'il ſemble qu'elle ait ſurpaſſé la Nature meſme.

Entre les Academies que ces Grands Hommes & ces Rares Genies compoſoient, on en compte quatre principales, Athenes, Sycion, Rhode, & Corinthe, qui ne different entr'elles que tres-peu, & ſeulement par la Maniere du travail, comme on peut voir par les Statuës Antiques, qui ſont la Regle de la Beauté, & auſquelles les Siecles qui les ont ſuivis n'ont rien produit de ſemblable, * quoy qu'on ne s'en ſoit pas ſi fort éloigné, tant pour la ſcience que pour la façon d'executer. * C'eſt donc dans leur Gouſt qu'on choiſira une ATTITUDE, * dont les membres ſoient Grands, * Amples, * Inégaux dans leur poſition, en ſorte que ceux de devant contraſtent les autres qui vont en arriere, & ſoient tous également balancez ſur leur centre.

DESSEIN, ſeconde partie de la Peinture.

* Les Parties doivent avoir leurs Contours en ondes, & reſſembler en cela à la flâme ou au ſerpent lors qu'il gliſſe & qu'il rampe ſur la terre. Ils ſeront coulans, grands, & preſque imperceptibles au toucher, comme s'il n'y avoit ny eminences ny cavitez. Qu'ils ſoient conduits de loin ſans interruption, pour en eviter le grand nombre. Que les Muſcles ſoient bien inſerez & liez, ſelon la connoiſſance qu'en donne l'Anatomie. Qu'ils ſoient * deſſeignez à la Grecque, & qu'ils ne paroiſſent que peu, comme nous le montrent les Figures Antiques. Qu'il y ait enfin un entier * accord des Parties avec leur Tout, & qu'elles ſoient parfaitement bien enſemble.

Græcorum studiis & mentis acumine crevit,

Egregiis tandem illustrata & adulta Magistris

Naturam visa est miro superare labore.

Quos inter Graphidos gymnasia prima fuêre,

Portus Athenarum, Sycion, Rhodos, atque
    Corinthus,

Disparia inter se, modicùm ratione Laboris;

Vt patet ex Veterum statuis, formæ atque decoris

Archetypis, queis posterior nil protulit ætas

Condignum, & non inferius longe Arte, Modoq;

Horum igitur vera ad normam Positura *legetur,*

Grandia, Inæqualis, formosaq; Partibus Amplis

Anteriora dabit membra, in contraria motu

Diverso variata, suo librataque centro:

Membrorumque Sinus ignis flammantis ad instar

Serpenti undantes flexu, sed lævia plana

Magnaq; signa, quasi sine tubere subdita tactu

Ex longo deducta fluant, non secta minutim,

Insertisque Toris sint nota ligamina juxta

Compagem Anathomes, & membrificatio Græco

Deformata Modo, paucisque expressa lacertis,

Qualis apud Veteres; totoque Eurithmia partes

VII.

Graphis seu
Positura,
Secunda Pictu-
ræ pars.

Componat , genitumque suo generante sequenti

Sit minus , & puncto videantur cuncta sub uno,

Regula certa licet nequeant Prospectica dici ,

Aut complementum Graphidos ; sed in Arte ju-
vamen

Et Modus accelerans operandi : ut corpora falso

Sub visu in multis referens mendosa labascit:

Nam Geometralem nunquam sunt corpora juxta

Mensuram depicta oculis , sed qualia visa.

Non eadem formæ species , non omnibus ætas

VIII.
Varietas in Fi-
guris.

Æqualis, similisque color , crinesque Figuris:

Nam variis velut orta plagis Gens dispare vultu.

IX.
Figura sit una
cum Membris
& Vestibus.

Singula membra suo capiti conformia fiant

Vnum idemque simul corpus cum vestibus ipsis:

X.
Mutorū actio-
nes imitandæ.

Mutorumque silens Positura imitabitur actus.

Prima Figurarum, seu Princeps Dramatis ultro

XI.
Figura Prin-
ceps.

Prosiliat media in Tabula sub lumine primo

Pulchrior ante alias, reliquis nec operta Figuris.

XII.
Figurarū Glo-
bi seu Cumuli.

Agglomerata simul sint membra, ipsæque Figuræ

Stipentur , circumque globos locus usque vacabit,

Ne male dispersis dum visus ubique Figuris

Dividitur , cunctisque operis fervente tumultu

Partibus implicitis crepitans confusio surgat.

Que la Partie qui en produit une autre, foit plus puiffante que celle qu'elle produit, & qu'on voye le Tout d'un mefme point de veüe : * quoy que la Perfpective ne puiffe pas eftre appellée uneRegle certaine ou un achevement de laPeinture ; mais un grand fecours dans l'Art, & un moyen facile pour agir, tombant affez fouvent dans l'erreur, & nous faifant voir des chofes fous un faux afpect : car les corps ne font pas toûjours reprefentez felon le plan Geometral, mais tels qu'ils font veus.

La forme des vifages, l'âge, ny la couleur ne doivent pas fe reffembler dans toutes les Figures, non plus que les cheveux : parce que les hommes font auffi differens que les regions font differentes.

* Que chaque Membre foit fait pour fa Tefte & s'accorde avec elle, & que tous enfemble ne compofent qu'un Corps avec les Draperies qui luy font propres & convenables ; Et fur tout, * que les Figures à qui on n'a pû donner la voix, imitent les muets dans leurs actions.

* Que la PrincipaleFigure du Sujet paroiffe au milieu du Tableau fous la principale lumiere ; qu'elle aye quelque chofe qui la faffe remarquer pardeffus les autres, & que les figures qui l'accompagnent, ne la dérobent point á la veüe.

* Que les Membres foient agrouppez de mefme que les Figures, c'eft à dire, accouplez & ramaffez enfemble, & que les Grouppes foient feparez d'un vuide, pour eviter un papillotage confus, qui venant des parties difperfées mal à propos, fourmillantes & embaraffées les unes dans les autres, divife la veüe en plufieurs rayons, & luy caufe une confufion defagreable.

*Il ne faut pas que dans les Grouppes les Figures ſe reſſemblent dans leurs mouvemens, non plus que dans leurs Membres, ny qu'elles ſe portent toutes de meſme coſté ; mais qu'elles ſe contraſtent, en ſe portant d'un coſté tout contraire à celles qui les traverſeront.

Que parmy pluſieurs Figures qui montrent le devant, il y en ait quelqu'une qui ſe faſſe voir par derriere, oppoſant les Epaules à l'Eſtomac & le Coſté droit au gauche.

* Que l'un des coſtez du Tableau ne demeure pas vuide, pendant que l'autre eſt rempli juſqu'en haut ; mais que l'on diſpoſe ſi bien les choſes, que ſi d'un coſté le Tableau eſt rempli, l'on prenne occaſion de remplir l'autre ; en ſorte qu'ils paroiſſent en quelque façon égaux, ſoit qu'il y ait beaucoup de Figures, ou qu'elles y ſoient en petit nombre.

* De meſme que la Comedie eſt rarement bonné dans laquelle le nombre des Acteurs eſt trop grand, ainſi eſt-il bien rare & quaſi comme impoſſible de faire un Tableau parfait, dans lequel ſe trouve une ſi grande quantité de Figures : Et nous ne devons pas nous étonner de voir que ſi peu de Peintres ayent reüſſi, lors qu'ils en ont introduit un grãd nombre dans leurs Ouvrages, puis qu'à peine en peut-on trouver qui ayent eu un heureux ſuccés en ceux, où ils n'en ont fait paroiſtre que bien peu : parce que tant de choſes diſperſées apportent une confuſion, & oſtent une majeſté grave & un ſilence doux, qui font la beauté du Tableau & la ſatisfaction des yeux ; mais ſi vous y eſtes contraint par le Sujet, il faudra concevoir le Tout enſemble & l'effet de

Inque

Ínque figurarum cumulis non omnibus idem

Córporis inflexus, motúsque, vel artubus omnes

Convérfis pariter non cónnitantur eòdem,

Sed quædam in diverfa trahāt contraria membra

140 Tranfversèque aliis pugnent; & cætera frangant.

Pluribus adverfis æverfam oppóne figuram,

Pectoribufq; Humeros, & dextera mēbra finiftris,

Seu multis cónftabit Opus, paucifque figuris.

145 Altera pars Tabulæ vacuo ne frigida Campo

Aut deferta fièt, dum pluribus altera formis

Fervida mole fua fupremam exurgit ad oram:

Sed tibi fic pofitis refpondeat utraque rebus,

Vt fi aliquid furfum fe parte attollat in una,

150 Sic aliquid parte ex alia confurgat, & ambas

Æquiparet, geminas cumulando æqualiter oras.

Pluribus implicitum Perfonis Drama fupremo

In genere ut rarum eft; multis ita denfa Figuris

Rarior eft Tabula excellens; vel adhuc ferè nulla

155 Præftitit in multis quod vix bene præftat in una:

Quippe folet rerum nimio difperfa tumultu

Majeftate carère gravi requieque decora;

Nec fpeciofa nitet vacuo nifi libera Campo.

Sed fi Opere in magno plures Thema grande re-
    quirat

Eße figurarum Cumulos, ſpectabitur unà

Machina tota rei, non ſingula quæque ſeorſim.

XVI.
Internodia
& Pedes exhi-
bendi.

Præcipua extremis raro Internodia membris

Abdita ſint; ſed ſumma Pedum veſtigia nunquã.

XVII.
Motus manuũ
motui capitis
jungendus.

Gratia nulla manet, motuſque, vigorque Figuras

Retro aliis ſubter majori ex parte latentes,

Ni Capitis motum Manibus comitentur agendo.

XVIII.
Quæ fugienda
in Diſtributio-
ne & Compoſi-
tione.

Difficiles fugito aſpectus, contractaque viſu

Membra ſub ingrato, motuſque, actuſq; coactos,

Quodq; refert ſignis, rectos quodammodo tractus,

Sive Parallelos plures ſimul, & vel acutas,

Vel Geometrales (ut Quadra, Triãgula,) formas:

Ingratamque pari Signorum ex ordine quandam

Symmetriam: ſed præcipua in contraria ſemper

Signa volunt duci tranſverſa, ut diximus antè.

Summa igitur ratio Signorum habeatur in omni

Compoſito ; dat enim reliquis pretium, atque
vigorem.

XIX.
Natura Genio
accommodan-
da.

Non ita Natura aſtanti ſis cuique revirctus;

Hanc præter nihil ut Genio ſtudioque relinquas;

Nec ſine teſte rei Natura, Artiſque Magiſtra

Quidlibet ingenio memor ut tantummodo rerum

Pingere poſſe putes; errorum eſt plurima ſylva,

Multipliceſque via, bene agendi terminus unus.

l'Ouvrage comme tout d'une veüe, & non pas chaque chofe feparement & en particulier.

* Que les extremitez des jointures foient rarement cachées : & les Pieds jamais.

* Les figures qui font derriere les autres n'ont ny grace, ny vigueur, fi le mouvement des Mains n'accompagne celuy de la Tefte.

Fuyez les veües difficiles à trouver & qui font peu naturelles , les mouvemens & les actions forcées, avec toutes Parties defagreables à voir, comme font les Racourcis.

* Fuyez encore les lignes & les contours égaux, qui font des paralleles, & d'autres figures aiguës & Geometrales , comme des quarrez, des triangles , , & toutes celles qui pour eftre trop comptées, vous font une certaine fymmetrie in-grate , qui ne produit aucun bon effet ; mais, comme nous avons déja dit, les principales li-gnes fe doivent contrafter l'une l'autre : C'eft pourquoy dans ces contours vous aurez princi-palement égard au Tout-enfemble ; car c'eft de luy que vient la beauté & la force des Parties.

* Ne foyez pas fi fort attaché à la Nature, que vous ne donniez rien à vos eftudes ny à vo-ftre Genie : mais auffi ne croyez pas que voftre Genie & la feule memoire des chofes que vous avez veües vous fourniffent affez pour faire un beau tableau , fans l'aide de cette incomparable maiftreffe la Nature , * que vous devez toûjours avoir prefente comme un témoin de la verité. On peut commettre une infinité de fautes de toutes façons ; elles fe trouvent par tout auffi fre-quentes & auffi épaiffes que les arbres dans une foreft ; & parmy quantité de chemins qui éga-rent, il ne s'en trouve qu'un bon & qui puiffe

B ij

160

165

170

175

180

XVI.
Des jointures
& des pieds.

XVII.
Qu'il faut join-
dre le mouve-
mêt des mains
à celuy de la
tefte.

XVIII.
Ce qu'il faut
éviter dans la
diftribution
des Figures.

XIX.
Qu'il ne faut
pas trop s'atta-
cher à la Natu-
re , mais l'ac-
commoder à
fon Genie.

conduire heureusement au but que l'on se propose, de mesme que parmi plusieurs lignes
courbes il ne s'en trouve qu'une droite.

Ce qu'il y a icy à faire, est d'imiter le beau
Naturel, comme ont fait les Anciens, tel que
l'objet & la Nature de la chose le demandent:
Et c'est pour cela que vous serez soigneux de
rechercher les Medailles antiques, les Statües,
les Vases, les Bas-reliefs, * & tout ce qui fait
connoistre les Pensées & les Inventions des
Grecs ; parce qu'elles nous donnent de grandes
idées, & nous font produire de belles choses. Et
en verité, après les avoir bien examinées, vous
y trouverez tant de charmes, que vous aurez
compassion de la destinée de nostre siecle, sans
esperance aucune que l'on puisse jamais arriver
à ce point.

* Si vous n'avez qu'une Figure à traiter, il faut
qu'elle soit parfaitement belle & diversifiée de
plusieurs couleurs.

* Que les Draperies soient jettées noble-
ment, que les plis en soient amples, * & qu'ils
suivent l'ordre des Parties, les faisant voir dessous par le moyen des Lumieres & des Ombres;
nonobstant que ces Parties soient souvent tra-
versées par le coulant des Plis qui flotent à l'entour, * sans y estre trop adherans & collez ; mais
qu'ils les marquent en les flatant par la discré-
tion des ombres & des clairs. * Et si ces parties
se trouvent trop écartées l'une de l'autre, en sorte qu'il y ait des vuides dans lesquels se trouvas-
sent des bruns, il faudra prendre occasion de
placer dans le vuide quelque pli pour les accou-
pler. * Et comme la beauté des membres ne consiste pas dans la quantité des muscles, qu'au

Linea recta velut sola est, & mille recurva:

Sed juxta Antiquos Naturā imitabere pulchrā,

Qualem forma rei propria, objectumque requirit.

Non te igitur lateant antiqua Numismata,
    Gemmæ,

Vasa, Typi, Statuæ, cælataque Marmora Signis:

Quodq; refert specie Veterū post sæcula Mentem;

Splendidior quippe ex illis assurgit imago,

Magnaque se rerum facies aperit meditanti;

Tunc nostri tenuem sæcli miserebere sortem,

Cùm spes nulla siet reditura æqualis in ævum.

Exquisita siet formâ dum sola Figura

Pingitur, & multis variata Coloribus esto.

Lati amplique sinus Pannorum, & nobilis ordo

Membra sequens, subter latitantia Lumine &
    Vmbra

Exprimet, ille licet transversus sæpe feratur,

Et circumfusos Pannorum porrigat extra

Membra sinus, non contiguos, ipsisque Figuræ

Partibus impressos, quasi Pannus adhæreat illis;

Sed modicè expressos cum Lumine servet &
    Vmbris:

Quæque intermissis passim sunt dissita vanis

Copulet, inductis subtervè, supervè lacernis.

B iij

Et membra ut magnis paucifque expreffa lacertis,

Majeftate aliis præftant forma atque decore;

Haud secus in Pannis quos supra optavimus
　　amplos

Perpaucos finuum flexus,rugafque, ftriafque,

Membra super verfu faciles inducere præftat.

Naturæque rei proprius fit Pannus, abundans

Patriciis; succinctus erit craffufque Bubulcis

Mancipiifque; levis,teneris,gracilifque Puellis.

Inq; cavis maculifq; umbrarũ aliquãdo tumefcet

Lumen ut excipiens,operis quà Maffa requirit

Latius extendat, fublatifque aggreget umbris.

XXIII.
Quid multum
conterat ad
Tabulæ orna-
mentum.

Nobilia Arma juvãt virtutũ,ornãtq; Figuras,

Qualia Mufarum, Belli, Cultufque Deorum:

XXIV.
Ornamentum
Auri & Gem-
marum.

Nec fit opus nimiùm Gemmis Auroque refertum;

Rara etenim magno in pretio, fed plurima vili.

XXV.
Prototypus.

Quæ deinde ex Vero nequeunt præfente videri,

Prototypum prius illorum formare juvabit.

XXVI.
Convenientia
rerum cum
Scena.

XXVII.
Charites & No-
bilitas.

Conveniat locus atque habitus, ritufq; decufq;

Servetur; fit Nobilitas, Charitumque Venuftas,

contraire ceux qui en font moins paroître, ont plus de majeſté que les autres ; ainſi la beauté des Draperies ne conſiſte pas dans la quantité des plis, mais dans un ordre ſimple & naturel. Il y faut encore obſerver la qualité des perſonnes,* comme des Magiſtrats, à qui vous donnerez des Draperies fort amples ; aux Païſans & aux Eſclaves, de groſſes & de retrouſſées ; * & aux Filles, de tendres & de legeres. Il ſera bon quelquefois de tirer des endroits creux quelque pli, & de le faire enfler ; afin que recevant du jour, il contribuë à étendre le clair aux endroits où la Maſſe le demande, & vous oſte par ce moyen des ombres dures, qui ne font que des taches.

* Les marques des vertus contribuent beaucoup par leur nobleſſe à l'ornement des Figures; comme ſont celles des Sciences, de la Guerre, & des Sacrifices : * mais que l'Ouvrage ne ſoit pas trop enrichi d'Or ny de Pierreries;parce que les plus rares ſont plus cheres & plus precieuſes, & celles qui font le grand nombre ſont des plus communes, & ſe donnent pour un prix tres-mediocre.

XXIII.
Ce qui contribuë beaucoup à l'ornement du Tableau.

XXIV.
Des Pierres precieuſes & des Perles pour ornement.

* Il ſera tres-expedient de faire un Modele des choſes, dont le Naturel eſt difficile à tenir, & dont nous ne pouvons pas diſpoſer comme il nous plaiſt.

XXV.
Modele.

* Que l'on conſidere les lieux où l'on met la Scene du Tableau, les Païs d'où ſont ceux que l'on y fait paroître, leurs Façons de faire, leurs Coûtumes, leurs Loix, & ce qui fait leur Bienſeance.

XXVI.
La Scene du Tableau.

Que l'on remarque dans tout ce que vous faites de la Nobleſſe * & de la Grace : mais, à dire

XXVII.
Les Graces & la Nobleſſe.

B iiij

le vray, c'eſt une choſe tres-difficile, & un preſent tres-rare que l'homme reçoit plûtoſt du
Ciel que de ſes Eſtudes.

XXVIII.
Que chaque
choſe ſoit en ſa
place.

Il faut ſuivre en toutes choſes l'ordre de la
Nature. C'eſt pourquoy vous vous garderez
bien de peindre les nuées, les vents & les ton-
neres dans les Lambris qui ſont prés des pieds,
& l'Enfer ou les eaux dans les Plat-fonds. Vous
ne ferez pas auſſi porter ſur une perche un co-
loſſe de pierre : mais que toute choſe ſoit dans la
place qui luy eſt convenable.

XXIX.
Des Paſſions.

D'exprimer outre tout cela les Mouvemens
des eſprits & les Affections qui ont leur ſiege
dans le cœur ; en un mot, de faire avec un peu
de couleurs que l'ame nous ſoit viſible, * c'eſt où
conſiſte la plus grande difficulté : Nous en
voyons aſſurément bien peu qu'en cela Iupiter
ait regardez d'un œil favorable. Auſſi n'appartient-il qu'à ces Eſprits, qui participent en quelque choſe de la Divinité, d'operer de ſi grandes
merveilles. Ie laiſſe aux Rhetoriciens à traiter
de ces caracteres des Paſſions ; & me contenteray ſeulement de rapporter ce qu'en dit autre-
fois un excellent Maiſtre, *Que les mouvemens
de l'ame qui ſont étudiez, ne ſont jamais ſi naturels que ceux qui ſe voyent dans la chaleur
d'une veritable Paſſion.*

XXX.
Qu'il faut fuir
les ornemens
Gottiques.

N'ayez aucun gouſt pour les Ornemens Gottiques, qui ſont autant de monſtres que les
mauvais Siecles ont produits, pendant leſquels
apres que la Diſcorde & l'Ambition, cauſées par
la trop grande étenduë de l'Empire Romain, eurent ſemé la guerre, la peſte & la famine par
tout le monde, on vit perir les plus ſuperbes
Edifices, & la nobleſſe des beaux Arts s'étein-

(*Rarum homini munus , Cælo, non Arte p-*
   tendum.)

Naturæ sit ubique tenor ratioque sequenda.

Non vicina pedum Tabulata, excelsa tonantis

Astra domus depicta gerent nubesque, notosque;

Nec mare depressum Laquearia summa vel Orcū;

Marmoreamq; feret cannis vaga pergula molem:

Congrua sed propria semper statione locentur.

Hæc præter Motus animorum & corde repostos

Exprimere Affectus, paucisque coloribus ipsam

Pingere posse animam , atque oculis præbere vi-
   dendam ,

Hoc opus , hic labor est : pauci quos æquus
   amavit

Iuppiter , aut ardens evexit ad æthera virtus :

Dìs similes potuere manu miracula tanta.

Hos ego Rhetoribus tractandos defero , tantum

Egregij antiquum memorabo sophisma Magistri,

Verius affectus animi vigor exprimit ardens ,

Solliciti nimiùm quam sedula cura laboris.

Denique nil sapiat Gottorum barbara trito

Ornamenta modo , sæclorum & monstra malorū;

Queis ubi bella, famē & pestē, Discordia, Luxus,

Et Romanorum Res grandior intulit Orbi ,

Ingenuæ periere Artes , periere superbæ

XXVIII.
Res quæque lo-
cum suum te-
neat.

XXIX.
Affectus.

XXX.
Gottorum or-
namenta fu-
gienda.

Artificum moles, sua tunc miracula vidit

Ignibus absumi Pictura, latere coacta

Fornicibus, sortem & reliquam confidere Cryptis,

Marmoribusque diu Sculptura jacere sepultis.

Imperium interea scelerum gravitate fatiscens

Horrida nox totum invasit, donoque superni

Luminis indignum, errorum caligine mersit,

Impiaque ignaris damnavit sæcla tenebris:

Vnde Coloratum Grays huc usque Magistris

Nil superest tantorum Hominum quod Mente Modoque

CROMATICE
Tertia Pars Pi-
ctur.
Nostrates juvet Artifices, doceatque Laborem;

Nec qui Chromatices nobis hoc tempore partes

Restituat, quales Zeuxis tractaverat olim.

Hujus quando magâ velut Arte æquavit Apellē

Pictorum Archigraphum meruitque Coloribus altam

Nominis æterni famam toto orbe sonantem.

Hæc quidem ut in Tabulis fallax sed grata Ve-nustas,

Et complementum Graphidos (mirabile visu)

Pulchra vocabatur, sed subdola Lena Sororis:

Non tamen hoc Lenocinium; fucusque, dolusque

Dedecori fuit unquam; illi sed semper honori,

dre & mourir. Ce fut pour lors que la Peinture
vit confumer fes merveilles par le feu, & que
pour ne point perir avec elles, * on la vit fe fau-
ver dans des lieux fouterrains, aufquels, elle
confia le peu de refte que le fort luy avoit laiffé,
pendant qu'en ces mefmes fiecles la Sculpture
s'eft veuë fi long-temps enfevelie fous tant de
ruïnes avec fes beaux Ouvrages & fes Statuës fi
admirables. L'Empire cependant abbatu fous
le poids de fes crimes, ne meritant pas de joüir
de la lumiere, fe trouva enveloppé d'une nuit
affreufe, qui le plongea dans un abyfme d'erreurs, & couvrit des épaiffes tenebres de l'ignorance ces mal-heureux Siecles, pour les punir
de leur impieté. D'où vient que de tous les Ouvrages de ces Grands Hommes de la Grece, il
ne nous eft rien refté de leur Peinture & de leur
Coloris, qui puiffe aider nos Ouvriers ny dans
l'Invention ny dans la Maniere : Auffi ne voit-
on perfonne qui rétabliffe * la † CROMATIQUE, † Couleur
& qui la remette en vigueur au point que la ou Croma-
porta Zeuxis, lors que par cette Partie, qui eft tique.
pleine de charmes & de magie, & qui fçait fi Troifiéme Par-
admirablement tromper la veüe, il fe rendit tie de la Pein-
égal au fameux Apelle, le Prince des Peintres, & ture.
qu'il merita pour toûjours la reputation qu'il
s'eft établie par tout le monde. Et comme cette
Partie (que l'on peut dire l'ame & le dernier
achevement de la Peinture) eft une beauté
trompeufe, mais flateufe & agreable, on l'accu-
foit de produire * fa Sœur, & de nous engager
adroitement à l'aimer : Mais tant s'en faut que
cette proftitution, ce fard & cette tromperie
l'ayent jamais deshonorée, qu'au contraire elles
n'ont fervi qu'à fa loüange, & à faire voir fon

merite : Il fera donc tres-avantageux de la connoiftre.

* La Lumiere produit toutes fortes de couleurs , & l'ombre n'en donne aucune.

Plus un corps nous eft directement opposé &
proche de la Lumiere , plus il eft éclairé ; parce
que la Lumiere s'affoiblit en s'éloignant de fa
fource.

Plus un corps eft proche des yeux , & leur eft
directement opposé, d'autant mieux fe voit-il,
car la veüe s'affoiblit en s'éloignant.

Il faut donc que les corps ronds, qui font veus
vis à vis en angle droit , foient de couleurs vives
& fortes , & que les extremitez tournent en fe
perdant infenfiblemét & confusément, fans que
le Clair fe precipite tout d'un coup dans l'Obfcur , ny l'Obfcur tout d'un coup dans le Clair:
mais il fe fera un paffage commun & impercep-
tible des Clairs dans les Ombres & des Ombres
dans les Clairs. Et c'eft conformément à ces
principes qu'il faut traiter tout un Grouppe de
Figures ; quoy que composé de plufieurs parties ; de mefme que vous feriez une feule tefte,
foit qu'il y ait deux Grouppes , ou mefme trois
(* ce qui fera tout au plus) fi voftre compofition
le demande, & prenez garde qu'ils foient détachez les uns des autres: Enfin, vous ménagerez fi
bien les Couleurs, les Clairs & les Ombres,* que
vous fafliez paroiftre les corps éclairez par des
Ombres qui arreftent voftre veüe , qui ne luy
permettent pas fi-toft d'aller plus loin , & qui
la font repofer pour quelque temps , & que reciproquement vous rendiez les Ombres fenfibles par un Fond éclairé.

Vous donnerez le relief & la rondeur aux

Laudibus & meritis ; hanc ergo nosse juvabit.

Lux varium vivumque dabit, nullum Vmbra
  Colorem.

Quo magis adversũ est corpus lucisq; propinquum,

Clarius est Lumen : nam debilitatur eundo,

Quo magis est corpus directũ oculisq; propinquum,

Conspicitur melius ; nam visus hebescit eundo.

Ergo in corporibus quæ visa adversa rotundis

Integra sint, extrema abscedant perdita signis

Confusis, non præcipiti labentur in Vmbram

Clara gradu, nec adumbrata in Clara alta repente

Prorumpant ; sed erit sensim hinc atque inde
  meatus

Lucis & Vmbrarum ; capitisque unius adinstar

Totum opus, ex multis quamquam sit partibus
  unus

Luminis Vmbrarumq; globus tantummodo fiet,

Sive duo vel tres ad summum, ubi grandius esset

Divisum Pegma in partes statione remotas.

Sintque ita discreti inter se ratione colorum,

Luminis umbrarumq; anteorsum ut corpora clara

Obscura umbrarum requies spectanda relinquat;

Claroque exiliant umbrata atque aspera Campo.

Ac veluti in Speculis convexis eminet ante

XXXI.
Tonorum, Luminum & Vmbrarum ratio.

Asperior reipsa vigor & vis aucta colorum

Partibus adversis; magis & fuga rupta retrorsum

Illorum est (ut visa minùs vergentibus oris)

Corporibus dabimus formas hoc more rotundas,

Mente Modoque igitur Plastes & Pictor eodem

Dispositum tractabit Opus; quæ Sculptor in orbem

Atterit, hæc rupto procul abscedente colore

Assequitur Pictor, fugientiaque illa retrorsum

Iam signata minùs confusa coloribus aufert:

Anteriora quidem directè adversa, colore

Integra, vivaci, summo cum Lumine & Vmbra

Antrorsum distincta refert velut aspera visu.

Sicque super planum inducit Leucoma Colores.

Hos velut ex ipsa Natura immotus eodem

Intuitu circum Statuas daret inde rotundas.

XXXII.
Corpora densa
& opaca cum
translucenti-
bus.

    Densa Figurarum solidis quæ corpora formis

Subdita sunt tactu non translucent, sed opaca

In translucendi spatio ut super Aëra, Nubes

Lympida stagna Vndarŭ, & inania cætera debent

Asperiora illis prope circunstantibus esse,

Vt distincta magis firmo cum Lumine & Vmbra,

Et gravioribus ut sustenta coloribus, inter

Aërias species subsistent semper opaca:

corps * de la mefme façon que le Miroir convexe vous le montre , dans lequel nous voyons les
Figures & toutes les autres chofes qui avancent
plus fortes & plus vives que le Naturel mefme,
* & que celles qui tournent , foient de couleurs
rompuës , comme eftant moins diftinguées &
plus proches des bords.

Le Peintre & le Sculpteur travailleront donc
de mefme intention & avec la mefme conduite:
car ce que le Sculpteur abbat & arondit avec le
fer , le Peintre le fait de fon pinceau, chaffant
derriere ce qu'il fait moins paroiftre par la diminution & la rupture de fes couleurs , & tirant en
dehors par les teintes les plus vives & les ombres les plus fortes ce qui eft directement opposé à la veuë, comme eftant plus fenfible & plus
diftingué ; & enfin mettant fur la toile nuë les
Couleurs qu'il empruntera du Naturel, qu'il ne
doit voir que d'un feul endroit & d'un mefme
coup d'œil, en forte que fans fe remuër , il femble tourner au tour de la Figure qu'il reprefente.

Quand des corps folides, fenfibles au toucher
& opaques fe trouvent fur des champs lumineux
& tranfparents , comme le Ciel, les Nuées , les
Eaux, & toute autre chofe vague & vuide d'objets differents , ils doivent eftre plus afpres &
plus marquez que ce qui les entoure , afin qu'e-
ftant plus forts par le Clair & l'Obfcur, ou par des
Couleurs plus fenfibles , ils puiffent fubfifter &
conferver leur folidité parmi ces efpeces aërées
& diaphanes , & qu'au contraire ces Fonds, qui
font, comme nous avons dit, le Ciel, les Nuées
& les Eaux, eftant plus clairs & plus unis, ils s'en
éloignent davantage.

On ne peut pas admettre deux Iours égaux

XXXII.
Corps opaques
fur des champs
lumineux.

XXXIII.
Qu'il ne faut pas deux jours égaux dans le Tableau.

dans un mefme Tableau ; mais le plus grand frapera fortement le milieu, & y étendra fa plus grande lumiere aux endroits ou feront les Principales Figures, & où fe paffera le fort de l'action, fe diminuant du cofté des bords à mefure qu'il en approchera le plus. Et de la mefme façon que la lumiere du Soleil s'affoiblit infenfiblement dans fon étenduë depuis le levant, qui eft fon origine, jufq'au couchant, où elle vient enfin à fe perdre ; ainfi la Lumiere de voftre Tableau diftribuée fur toutes vos Couleurs, fera moins fenfible, fi elle eft moins proche de fa fource. L'experience en eft palpable dans les Statuës que l'on voit au milieu des Places publiques, dont les Parties fuperieures font plus éclairées que les inferieures. Vous les imiterez donc dans la diftribution de vos Lumieres.

Evitez les Ombres fortes fur le milieu des Membres, de peur que le trop de Noir qui compofe ces Ombres, ne femble entrer dedans & les couper : cherchez plûtoft à les placer á l'entour, pour relever davantage les Parties, & prenez voftre Iour fi avantageux, qu'apres de grandes Lumieres vous trouviez de grandes Ombres. D'où vient que c'eft avec raifon que l'on dit du Titien, qu'il n'avoit pas de meilleure Regle pour la diftribution des Clairs & des Bruns, que la *Grappe de Raifin.*

XXXIV.
Le Blanc & le Noir.

* Le Blanc tout pur avance ou recule indifferemment : il s'approche avec du Noir, & s'éloigne fans luy : * Mais pour le Noir tout pur, il n'y a rien qui s'approche davantage.

La Lumiere alterée de quelque couleur ne manque point de la communiquer aux Corps qu'elle frappe, auffi bien que l'air par lequel elle paffe. *Corporibus*

Corporibus leviora ; uti Nubes , Aër & Vnda.

Non poterunt diverſa locis duo Lumina eâdem

XXXIII.
Non duo ex
Cœlo Lumina
i. Tabulam
æqualia.

In Tabulâ paria admitti , aut æqualia pingi:

Majus at in mediā Lumen cadet uſque Tabellā

Latius infuſum , primis qua ſumma Figuris

Res agitur , circumque oras minuetur eundo :

Vtque in progreſſu Iubar attenuatur ab ortu

Solis ad occaſum paulatim , & ceſſat eundo ;

Sic Tabulis Lumen , tota in compage Colorum ,

Primo à fonte , minus ſenſim declinat eundo.

Majus ut in Statuis per compita ſtantibus Vrbis

Lumen habent Partes ſuperæ , minus inferiores,

Idem erit in Tabulis , majorq; nec Vmbra vel ater

Membra Figurarum intrabit Color, atq; ſecabit:

Corpora ſed circū Vmbra cavis latitabit oberrās:

Atque ita quæretur Lux opportuna Figuris ,

Vt late infuſum Lumen lata Vmbra ſequatur:

Vnde nec immeritò fertur Titianus ubique

Lucis & Vmbrarū Normā appellaſſe Racemum.

Purum Album eſſe poteſt propiuſque magiſque
*   remotum :*

XXXIV.
Album & Ni-
grum.

Cum Nigro antevenit propiùs , fugit abſque,
*   remotum :*

Purum autem Nigrum antrorſum venit uſque
*   propinquum.*

Lux fucata ſuo tingit miſcetque Colore

Corpora, sicque suo, per quem Lux funditur, aër.

Corpora juncta simul, circumfusosque Colores

Excipiunt, propriumque aliis radiosa reflectunt.

Pluribus in Solidis liquidâ sub Luce propinquis

Participes, mixtosque simul decet esse Colores.

Hanc Normam Veneti Pictores ritè sequuti,

(Quæ fuit Antiquis Corruptio dicta Colorum)

Cùm plures Opere in magno posuêre Figuras,

Ne conjuncta simul variorum inimica Colorum

Congeries Formam implicitam & concisa minutis

Membra daret Pannis, totam unamquamque
        Figuram

Affini aut uno tantùm vestire Colore

Sunt soliti, variando Tonis tunicamq; togamq;

Carbaseosque Sinus, vel amicum in Lumine &
        Vmbra

Contiguis circum rebus sociando Colorem.

Quà minus est spatij aërij, aut quà purior Aër,

Cuncta magis distincta patent, speciesq; reservãt:

Quàque magis densus nebulis, aut plurimus Aër

Amplum inter fuerit spatium porrectus, in auras

Confundet rerum species, & perdet inanes.

Anteriora magis semper finita remotis

Incertis dominentur & abscedentibus, idque

Les Corps qui font enſemble reçoivent l'un de l'autre la Couleur, qui leur eſt oppoſée, & ſe reflechiſſent reciproquement celle, qui leur eſt propre & naturelle.

XXXV.
Reflexion des
Couleurs.

Il faut auſſi que la pluſpart des Corps, qui ſont ſous une Lumiere étenduë & diſtribuée également par tout, tiennent de la Couleur l'un de l'autre. Les Venitiens ayant en grande recommandation cette maxime (que les Anciens appellerent Rupture de Couleurs) dans la quantité de Figures dont ils ont rempli leurs Tableaux, ont toûjours recherché l'union des Couleurs, de peur qu'eſtant trop differentes, elles ne viennent à embaraſſer la veuë par leur confuſion avec la quantité des Membres ſeparez par leurs Plis, qui ſont encore en aſſez grand nombre ; & pour cet effet ils ont peint leurs Draperies de Couleurs approchantes les unes des autres, & ne les ont preſque diſtinguées que par la diminution du Clair-Obſcur, en accouplant les Objets contigus par la participation de leurs Couleurs, & en liant ainſi d'amitié les Lumieres & les Ombres.

XXXVI.
L'Vnion.

Moins il y a d'eſpace aërée entre nous & l'Objet & plus l'Air eſt pur, d'autant plus les eſpeces s'en conſervent & ſe diſtinguent : & tout au contraire plus il y a d'Air & moins il eſt pur, d'autant plus l'Objet ſe confond & ſe broüille.

XXXVII.
L'Air interpoſé.

Les Objets qui ſont ſur le devant doivent eſtre toûjours plus finis que ceux qui ſont derriere, & doivent dominer ſur les choſes qui ſont confonduës & fuyantes ;* Mais que cela ſe faſſe relativement, c'eſt à dire, une choſe plus grande & plus forte en chaſſant derriere une

XXXVIII.
Relation des
Diſtances.

plus petite, & la rendant moins fenfible par fon oppofition.

Les chofes qui font fort éloignées, bien qu'en grand nombre, ne feront qu'une Maffe ; de mef-me que les feüilles fur les arbres & les flots dans la Mer.

Que les Objets qui doivent eftre contigus, ne foient point feparez ; & que ceux qui doivent eftre feparez, nous le paroiffent ; mais que ce foit toûjours par une agreable & petite diffe-rence.

* Que jamais deux extremitez contraires ne fe touchent, foit en Couleur, ou en Lumiere; mais qu'il y ait un milieu participant de l'un & de l'autre.

Les Corps feront par tout differents de Tons & de Couleurs : que ceux qui font derriere fe lient & faffent amitié enfemble, & que ceux de devant foient forts & petillans.

* C'eft travailler en vain que de prendre dans les Tableaux un grand Iour de midi, veu que nous n'avons point de Couleurs qui puiffent ja-mais y atteindre : mais il eft plus à propos de prendre une Lumiere plus foible, comme eft celle du Soir, dont le Soleil dore les campagnes, ou celle du Matin, dont la blancheur eft mode-rée, ou celle qui paroift apres une Pluye, lors que le Soleil ne nous la donne qu'au travers des nuages, ou pendant un tonnere, que les nuées nous la dérobent, & nous la font paroiftre rou-geaftre.

Les Corps polis, comme font les Criftaux, les Metaux, les Bois, l'Os, & les Pierres ; ceux qui font couverts de Poil comme les Peaux, la Barbe & les Cheveux ; comme auffi la Plume, la

More relativo, ut majora minoribus extant.

Cuncta minuta procul Massa densantur in unã,

Vt folia arboribus sylvarũ,& in Æquore fluct°.

Contigua inter se coëant, sed dissita distent,

350 *Distabuntq; tamen grato & discrimine parvo.*

Extrema extremis contraria jungere noli;

Sed medio sint usque gradu sociata Coloris.

XXXIX.
Corpora procul distantia.

XL.
Contigua &
Dissita.

XLI.
Contraria ex-
trema fugienda

Corporum erit Tonus atq; Color variatus ubiq;

Quærat amicitiam retro, ferus emicet ante.

XLII.
Tonus & Color
varij.

355 *Supremum in Tabulis Lumen captare diei*

Insanus labor Artificum ; cùm attingere tantùm

Non Pigmẽta queant; auream sed vespere Lucẽ,

Seu modicam mane albentem, sive ætheris altam

Post Hyemem nimbis transfuso Sole caducam,

360 *Seu nebulis fultam accipient, tonitruque ru-
bentem.*

XLIII.
Luminis dele-
ctus.

Lævia quæ lucent, veluti Cristalla, Metalla,

Ligna, Ossa & Lapides; Villosa, ut Vellera, Pelles,

Barba, aqueiq; Oculi, Crines, Holoserica, Plumæ;

LXIV.
Quædam circa
Praxim.

C iij

Et Liquida, ut stagnans Aqua, reflexæque sub
   Vndis

Corporeæ species & Aquis contermina cuncta,
Subter ad extremum liquide sint picta, superq;
Luminibus percussa suis, signisque repostis.

XLV.
Campus Tabu-
læ.

Area vel Campus Tabulæ vagus esto, levisq;

Abscedat latus, liquideque bene unctus amicis

Tota ex mole Coloribus, una sive Patella:

Quæque cadūt retro in Campum confinia Campo.

XLVI.
Color vividus,
non tamen pal-
lidus.

Vividus esto Color nimio non pallidus Albo,

Adversisque locis ingestus plurimus ardens;

Sed leviter parcèque datus vergentibus oris.

XLVII.
Vmbra.

Cuncta Labore simul coëant, velut Vmbra in
   eadem.

XLVIII.
Ex una Patella
sit Tabula.

Tota siet Tabula ex unâ depicta Patellâ.

XLIX.
Speculum Pi-
ctorum, Magi-
ster.

Multa ex Natura Speculum præclara docebit;

Quæque procul Serò spatiis spectantur in amplis.

L.
Dimidia Figura
vel integra ante
alias.

Dimidia Effigies, quæ sola, vel integra plures

Ante alias posita ad Lucem, stet proxima visu,

Et latis spectanda locis, oculisque remota,

Soye , & les Yeux de leur naturel aqueux ; &
ceux qui font liquides , comme les Eaux & les
efpeces corporelles que nous y voyons refle-
chies ;&enfin tout ce qui les touche & qui eft auprés d'elles doivent eftre beaucoup & uniment
peints par deſſous , mais touchez fierement par
deſſus des Clairs & des Ombres qui leur con-
viennent.

* Que le Champ du Tableau ſoit vague,
fuyant, leger & bien uni enſemble de Couleurs
amies , & fait d'une mixtion dans laquelle entre
de toutes les Couleurs qui compoſent l'Ouvrage, comme ſeroit le reſte d'une Palette ; & que
reciproquement les Corps participent de la
Couleur de leur Champ.

X L V.
Le Champ du
Tableau.

* Que vos Couleurs ſoient vives , ſans pourtant donner, comme on dit, dans la Farine.

X L V I.
Vivacité des
Couleurs.

* Que les Parties plus élevées & plus proches
de vous ſoient fortement empaſtées de Couleurs brillantes , & qu'au contraire celles qui
tournent en ſoient peu chargées.

* Qu'il y ait une telle harmonie dans les Maſſes de voſtre Tableau , que toutes les Ombres
n'en paroiſſent qu'une.

X LV I I.
L'Ombre.

Que voſtre Tableau * ſoit tout d'une Paſte,&
fuyez tant que vous pourrez de peindre à ſec.

X L V I I I.
Que le Tableau
ſoit tout d'une
Paſte

* Le Miroir vous apprendra quantité de belles choſes, que vous remarquerez ſur la Nature,
auſſi bien que les Objets veus le Soir dans des
endroits ſpacieux.

X L I X
Le Miroir eſt le
Maiſtre des
Peintres.

Si vous avez à peindre une demie Figure, ou
une toute entiere, qui ſoit devant pluſieurs autres, il faut qu'elle paroiſſe proche de la veuë;
& ſi vous avez à la faire dans un grand lieu, &
qu'elle ſoit éloignée des yeux, n'y épargnez pas

L.
La demie Figu-
re, ou toute en-
tiere devant
d'autres.

les plus grands Clairs, les Couleurs les plus vives, ny les plus fortes Ombres.

* Pour ce qui eſt des Portraits, il faut faire preciſement ce que la Nature vous montre, travaillant en meſme temps aux Parties qui ſe reſſemblent, comme ſont les Yeux, les loües, les Lévres & les Narines, en ſorte que vous touchiez à l'une ſi-toſt que vous aurez donné un coup de Pinceau à l'autre, de peur que le temps & l'interruption ne vous faſſe perdre l'idée d'une Partie, que la Nature a produite pour reſſembler à l'autre; & imitant ainſi trait pour trait toutes les Parties avec une juſte & harmonieuſe compoſition de Clair-Obſcur & de Couleurs, & donnant à voſtre Portrait le brillant que la facilité & la vigueur du Pinceau font voir, pour lors il paroiſtra tout plein de vie.

Les Ouvrages peints dans les petits lieux doivent eſtre fort tendres & fort unis de Tons & de Couleurs, dont les degrez ſeront plus differens, plus inégaux, & plus fiers ſi l'Ouvrage eſt plus éloigné : & ſi vous faites jamais de grandes Figures, qu'elles ſoient de Couleurs fortes, & dans des lieux fort ſpacieux.

* Peignez le plus tendrement qu'il vous ſera poſſible, & faites perdre inſenſiblement vos * Lumieres larges dans les Ombres qui les ſuivent & qui les entourent.

Si voſtre Tableau doit eſtre placé dans un lieu éclairé d'une petite Lumiere, les Couleurs en doivent eſtre fort claires; & tout au contraire, fort brunes, ſi le lieu eſt fort éclairé, ou ſi c'eſt au plein jour.

Souvenez-vous d'éviter les Objets pleins de trous, briſez en pieces, menus, & qui ſont ſe-

Luminis Vmbrarumque gradu sit picta supremo.

Partibus in minimis imitatio justa juvabit

Effigiem, alternas referendo tempore eodem

Consimiles Partes, cum Luminis atque Coloris

Compositis justisque Tonis, tunc parta Labore

Si facili & vegeto micat ardens, viva videtur,

L I.
Effigies.

Visa loco angusto tenerè pingantur, amico

Iuncta Calore graduque,procul quæ picta feroci

Sint & inæquali variata Colore, Tonoque.

Grandia signa volunt spatia ampla ferosque Colores.

L I I.
Locus Tabulæ

Lumina lata unctas simul undiq; copulet Vmbras

Extremus Labor. In Tabulas demissa fenestris

Si fuerit Lux parva, Color clarissimus esto:

Vividus at contra obscurusque in Lumine aperto.

L I I I.
Lumina lata.

L I V.
Quantitas Lu-
minis loci in
quo Tabula est
exponenda.

Quæ vacuis divisa cavis vitare memento:

Trita, minuta, simul quæ non stipata debiscunt;

L V.
Errores & vitia
Picturæ.

Barbara, Cruda oculis, rugis fucata Colorum,

Luminis Vmbrarumque Tonis æqualia cuncta;

Fœda, cruenta, cruces, obſcœna, ingrata, chimeras,

Sordidaque & miſera, & vel acuta, vel aſpera
tactu .

Quæque dabunt forma temerè congeſta ruinam,

Implicitaſque aliis confundent miſcua Partes.

LVI.
Prudentia in
Pictore.

Dumque fugis vitioſa, cave in contraria labi

Damna mali, Vitium extremis nam ſemper in-
hæret.

LVII.
Elegantium
Idæa Tabularũ.

Pulchra gradu ſummo Graphidos ſtabilita
Vetuſtæ

Nobilibus Signis ſunt Grandia, Diſſita, Pura,

Terſa, velut minime confuſa, Labore Ligata,

Partibus ex magnis pauciſque effitta, Colorum

Corporibus diſtincta feris, ſed ſemper amicis.

LVIII.
Pictor Tyro.

Qui bene cœpit, uti facti jam fertur habere

Dimidium; Picturam ita nil ſub limine primo

Ingrediens Puer offendit damnoſius Arti,

Quàm varia errorum genera ignorante Magiſtro

Ex pravis libare Typis, mentemque veneno

Inficere, in toto quod non abſtergitur ævo.

Nec Graphidos rudis Artis adhuc cito qualia-
cumque

Corpora viva ſuper ſtudium meditabitur ante

parez en lambeaux : fuyez auſſi les choſes Barbares, Rudes à la veuë, bigarées de Couleurs, & tout ce qui eſt d'une égale force d'Ombre & de Lumiere : comme auſſi les choſes impudiques, ſordides, mal-ſéantes, cruelles, chimeriques, gueuſes & miſerables ; celles qui ſont aiguës & rudes au toucher ; enfin tout ce qui corrompt ſa forme par une confuſion des Parties embaraſſées les unes dans les autres : *car les Yeux ont horreur des choſes que les Mains ne voudroient pas toucher.*

Mais pendant que vous vous efforcez d'éviter un vice, prenez garde de tomber dans un autre : car le Bien eſt entre deux extremitez également blâmables.

LVI.
Pruʃence du
Peintre.

Les choſes belles dans le dernier degré, ſelon la Maxime des Anciens Peintres, * doivent avoir du Grand & les Contours nobles ; elles doivent eſtre démeſlées, pures, & ſans alteration, nettes, & liées enſemble, compoſées de grandes Parties, mais en petit nombre, & enfin diſtinguées de Couleurs fieres, mais toûjours amies.

LVII.
Idée d'un beau
Tableau.

De meſme que l'on dit, que celuy qui a bien commencé, a déja fait la moitié de ſon Ouvrage : * ainſi il n'y a rien de plus pernicieux à un Enfant qui eſt dans les Elemens de la Peinture, que d'entrer ſous la Diſcipline d'un Maiſtre ignorant, qui luy déprave le Gouſt par une infinité d'erreurs, dont ſes Ouvrages ſont remplis, & luy fait boire le venin qui l'infecte pour le reſte de ſes jours.

LVIII.
Pour le jeune
Peintre.

Que celuy qui commence ne ſe haſte pas tant d'étudier d'aprés Nature tout ce qu'il fera, qu'il ne ſçache auparavant les Proportions, l'Atta-

chement des Parties , & leurs Contours ; qu'il
n'aye bien examiné les excellens Originaux , &
qu'il ne ſoit inſtruit des douces Tromperies de
l'Art, qu'il aura appriſes d'un ſçavant Maiſtre
plûtoſt par la Pratique & en le voyant faire,
qu'en l'écoutant ſeulement parler.

* Cherchez tout ce qui aide voſtre Art & qui
luy convient , fuyez tout ce qui luy repugne.

*Les Corps de diverſe nature aggrouppez en-
ſemble ſont agreables & plaiſans à la veüe,
* auſſi bien que les choſes qui paroiſſent eſtre
faites avec Facilité ; parce qu'elles ſont pleines
d'eſprit & d'un certain Feu celeſte qui les anime:
Mais vous ne ferez pas les choſes avec cette Facilité , qu'apres les avoir long-temps roulées
dans voſtre Eſprit : Et c'eſt ainſi que vous cache-
rez ſous une agreable tromperie la peine que
vous aura donné voſtre Art & voſtre Ouvrage;
mais le plus grand de tous les Artifices eſt de faire paroiſtre qu'il n'y en a point.

Ne donnez jamais le premier coup de Pinceau, que vous n'ayez bien examiné voſtre Deſſein, arreſté vos Contours , * & que vous n'ayez
preſent dans l'Eſprit l'Effet de voſtre Ouvrage.

Que l'œil ſoit ſatisfait au prejudice de toutes
ſortes de raiſons , qui font naiſtre des difficultez
dans voſtre Art, qui de ſoy-meſme n'en ſouffre
aucune : Et que le Compas ſoit plûtoſt dans les
yeux, que dans les mains.

* Tirez voſtre profit des avis des Gens Doctes, & ne mépriſez pas avec arrogance d'apprendre le ſentiment d'un chacun ſur vos Ouvrages : tout le monde eſt aveugle dans ſes propres affaires, & perſonne n'eſt capable de porter
jugement dans ſa propre cauſe, non plus que de

Illorum quàm Symmetriam, Internodia, Formam

30 *Noverit inspectis docto evolvente Magistro*

Archetypis, dulcesque Dolos præsenserit Artis.

Plusque Manu ante oculos quàm voce docebitur
     usus.

    Quare Artem quacumque juvant, fuge quæque
     repugnant.

LIX.
Ars debet servire Pictori, non Pictor Arti.

Corpora diversa natura juncta placebunt;

35 *Sic ea quæ facili contempta labore videntur:*

Æthereus quippe ignis inest & spiritus illis.

Mente diu versata, manu celebranda repenti.

Arsque Laborq; Operis grata sic fraude latebit.

Maxima deinde erit ars, nihil artis inesse vi-
     deri.

LX.
Oculos recreat diversitas & Operis facilitas, quæ speciatim Ars dicitur.

40 *Nec prius inducas Tabulæ Pigmenta Colorum,*

Expensi quàm signa Typi stabilita nitescant,

Et menti præsens Operis sit Pegma futuri.

    Prævaleat sensus rationi, quæ officit Arti

Conspicua, inq; oculis tantummodo Circinus esto.

LXI.
Archetypus in mente, Apographum in tela.

LXII.
Circinus in oculis.

45 *Vtere Doctorum Monitis, nec sperne superbus*

Discere quæ de te fuerit Sententia Vulgi.

Est cæcus nam quisque suis in rebus, & expers

Judicy, Prolemque suam miratur amatque.

LXIII.
Superbia Pictori nocet plurimùm.

Ast ubi Consilium deerit Sapientis Amici,

Id tempus dabit, atque mora intermissa labori.

Non facilis tamen ad nutus & inania Vulgi

Dicta levis mutabis Opus, Geniumq; relinques:

Nam qui parte sua sperat bene posse mereri

Multivaga de Plebe, nocet sibi, nec placet ulli.

LXIV.
γνῶθι σεαυτόν

Cumque Opere in proprio soleat se pingere Pictor,

(Prolem adeo sibi ferre parem Natura suevit)

Proderit imprimis Pictori γνῶθι σεαυτόν;

Vt data quæ Genio colat, abstineatque negatis.

Fructibus utque suus nunquam est sapor atque venustas

Floribus insueto in fundo præcoce sub anni

Tempore, quos cultus violentus & ignis adegit;

Sic nunquam nimio quæ sunt extorta labore,

Et picta invito Genio, nunquam illa placebunt.

LXV.
Quod mente
conceperis ma-
nu comproba.

Vera super meditando, Manus, Labor improbus adsit:

retirer son affection des choses qu'il a enfantées, & dont il est l'admirateur. * Mais si vous n'avez point d'Amy sçavant qui vous aide de son Conseil, celuy du temps ne vous manquera pas, apres que vous aurez laissé passer quelques semaines, ou du moins quelques jours, sans voir vostre Ouvrage, il vous en découvrira ingenuëment les beautez & les defauts. Ne vous laissez pas pourtant aller trop facilement aux Avis du Vulgaire, qui parle bien souvent sans connoissance, & n'abandonnez pas ainsi vostre Genie, pour changer avec trop de legereté ce que vous avez fait : car celuy qui se met en teste & se flate de la vaine esperance de meriter l'approbation du Peuple, dont les Iugemens sont inconsiderez & changeans à toute heure, il se nuit à soy-mesme, & ne plaist à personne.

Comme le Peintre a coûtume de se peindre dans ses Ouvrages (tant la Nature est accoûtumée à produire son semblable) il sera bon de se connoistre soy-mesme,* afin de cultiver les Talens qui font son Genie, & qu'il a receus de la Nature, & de ne perdre point mal-heureusement le temps à la recherche de ceux qu'elle luy a refusez.

De mesme que les fruits n'ont jamais le goust, & les fleurs la beauté qui leur est naturelle, lors qu'ils sont dans un Fond étranger, & qu'on les fait avancer plûtost que leur saison par une chaleur artificielle ; ainsi vous avez beau peiner vos Ouvrages, si c'est malgré vostre Genie & contre la pente de la Nature, ils ne reussiront jamais.

* En meditant sur ces Veritez, en les observant soigneusement, & y faisant toutes les reflexions necessaires, que le travail de la main

LXIV.
Il faut se connoistre.

LXV.
Pratiquer sans relasche & facilement ce qu'on a conceu.

accompagne voſtre eſtude, qu'il la ſeconde, & qu'il la ſoûtienne, ſans pourtant émouſſer la pointe du Genie, & en abatre la vigueur par trop d'exactitude.

* La plus belle & la meilleure partie de nos Iours, eſt celle du Matin : employez-la donc au travail qui demande le plus de ſoin & le plus d'application.

* Qu'aucun Iour ne ſe paſſe ſans tirer quelque Ligne.

Remarquez par les ruës les Airs de teſte, les Attitudes & les Expreſſions naturelles, qui ſeront d'autant plus libres, qu'elles ſeront moins obſervées.

* Soyez prompt à mettre ſur vos Tablettes (que vous aurez toûjours preſtes) tout ce que vous en jugerez digne, ſoit ſur la Terre, ou dans l'Air, ou ſur les Eaux, pendant que les eſpeces en demeurent encore fraiſches dans voſtre Eſprit.

* La Peinture ne ſe plaiſt pas trop dans le vin ny dans la bonne chere ; ſi ce n'eſt afin que l'Eſprit épuiſé par le Travail, prenne une nouvelle vigueur dans la converſation des Amis. Elle ne ſe plaiſt pas non plus dans l'embaras des affaires ny dans les procez ;* mais dans la liberté du Celibat. * Elle s'éloigne autant qu'elle peut du bruit & du tumulte, pour joüir du repos de la campagne : parce que dans le ſilence on eſt plus diſpoſé à s'appliquer fortement au Travail ; & à produire des Idées qui demeurent toûjours preſentes juſqu'à la fin de l'Ouvrage, dont on embraſſe le Tout-enſemble plus commodément.

* Que les avares ſoins de devenir riche ne vous faſſent pas perdre voſtre Reputation : mais

Nec

Nec tamen obtundat Genium, mentisq; vigorem.

Optima nostrorum pars est matutina dierum,

Difficili hanc igitur potiorem impende Labori.

Nulla dies abeat quin linea ducta superfit.

Perque vias vultus hominum, motusque notabis

Libertate sua proprios, positasque Figuras

Ex sese faciles, ut inobservatus habebis.

Mox quodcumque Mari, Terris & in Aëre
pulchrum

Contigerit, Cartis propera mandare paratis,

Dum præsens animo Species tibi servet hianti.

Non epulis nimis indulget Pictura, meroque

Parcit, Amicorum quantum ut sermone benigno

Exhaustam reparet mentem recreata, sed inde

Litibus & curis in Calibe libera vita

Secessus procul à turba strepituque remotos

Villarum rurisque beata silentia quærit:

Namque recollecto tota incumbente Minerva

Ingenio rerum species præsentior extat,

Commodiusque Operis compagem amplectitur
omnem.

Infami tibi non potior sit avara peculi

Cura, aurique fames, modica quam sorte beato

LXVI.
Matutinum
tempus Labori
aptum.

LXVII.
Singulis diebus
aliquid facien-
dum.
LXVIII.
Affectus inob-
fervati & natu-
rales.

LXIX.
Non defint Pu-
gillares.

D

Nominis æterni & laudis pruritus habendæ,

Condignæ pulchrorum Operũ mercedis in ævum.

Iudicium, docile Ingenium, Cor nobile, Sensus

Sublimes, firmum Corpus, florensque Iuventa,

Commoda Res, Labor, Artis amor, doctusque
    Magister;

Et quamcumque voles occasio porrigat ansam,

Ni Genius quidam adfuerit Sydusq; benignum,

Dotibus his tantis, nec adhuc Ars tanta paratur:

Distat ab Ingenio longè Manus. Optima Doctis

Censentur quæ prava minus ; latet omnibus
    error,

Vitaque tam longæ brevior non sufficit Arti ;

Desinimus nam posse senes cùm scire periti

Incipimus, doctamque Manum gravat ægra
    senectus,

Nec gelidis fervet juvenilis in Artubus ardor.

Quare agite, ô Juvenes, placido quos Sydere
    natos

Paciferæ studia allectant tranquilla Minervæ,

Quosque suo fovet igne, sibiq; optavit Alumnos!

Eia agite, atq; animis ingentem ingentibus Artem

35 vous contentant plûtoſt d'une fortune mediocre, ne ſongez qu'à vous acquerir, pour toute
recompenſe de vos beaux Ouvrages, un Renom
glorieux, qui ne perira qu'avec les Siecles.

* Les qualitez d'un excellent Peintre ſont,
d'avoir le Iugement bon, l'Eſprit docile, le Cœur
noble, le Sens ſublime, de la Ferveur, de la San-
té, de la Ieuneſſe, de la Beauté, la commodité
des Biens, le Travail, l'Amour pour ſon Art, &
90 d'eſtre ſous la Diſcipline d'un ſçavant Maiſtre.
Et quelque Sujet que vous puiſſiez choiſir, ou
que le hazard & la bonne fortune vous preſentent, ſi vous n'avez le Genie ou l'inclination naturelle que demande voſtre Art, vous ne par-
viendrez jamais à ſa perfection avec tous ces
grands avantages que je viens de dire : car il y a
bien loin de ce que peut faire la Main à cette ſorte d'intelligence que donne une heureuſe Naiſſance & un beau Genie.

Les choſes les plus belles ne paſſent pour tel-
495 les au ſentiment des Doctes, que pour eſtre
moins mal ; car perſonne ne voit ſes deffauts,
* & la vie eſt ſi courte, qu'elle ne ſuffit pas pour
un Art de ſi longue haleine. Les forces nous
manquent lors que dans noſtre vieilleſſe nous
commençons à devenir ſçavans ; elle nous accable à meſure qu'elle nous inſtruit, & ne ſouffre
jamais dans les membres, que le froid des années
a glacez, l'ardeur vive & boüillante de la Ieuneſſe.

500 * Courage donc, Chers Enfans de Minerve,
qui eſtes nez ſous l'Influence d'un Aſtre benin;
vous qu'elle échauffe de ſon feu, qu'elle attire à
l'amour de ſa Science, & qu'elle a choiſis pour
ſes Nouriſſons : Employez avec joye les forces

D ij

de voſtre Eſprit pour un Art qui les demande
toutes ; pendant que la Ieuneſſe vous les fournit
& y donne de la pointe & de la vigueur, pendant
dis-je que voſtre Eſprit pur & vuide de toute erreur n'a encore pris aucune mauvaiſe teinture,&
que dans la ſoif où il eſt de la nouveauté des
choſes , il ſe remplit des premieres eſpeces qui
ſe preſentent, & les donne en garde à la Memoire , qui dans ſa premiere humidité les con-
ſerve plus long-temps.

L X X.
L'ordre que
doit tenir le
Peintre dans ſes
Eſtudes.

   * Pour bien faire , * vous commencerez par
la Geometrie ; & apres en avoir appris quelque
choſe , * mettez-vous à deſſeigner d'apres les
Antiques Grecques,*& ne vous donnez point de
relaſche ny jour ny nuit, qu'auparavant vous ne
vous ſoyez acquis, par une continuelle pratique,
une habitude facile de les imiter dans leurs Inventions & dans leur Maniere.

   * Et en ſuite lors que le Iugement ſe ſera fortifié , & ſera parvenu à ſa maturité par les années,
il ſera tres-bon de voir & d'examiner l'un apres
l'autre, & partie à partie par un ordre ſuivi de la
maniere que nous avons dit cy-devant & ſelon
les Regles que nous en avons données , les Ouvrages qui ont tant donné de Reputation aux
Maiſtres de la premiere Claſſe ; comme ſont les
Romains , les Venitiens, les Parmeſans, & ceux
de Bologne.

   Parmi tous ces Excellens Hommes, R aphael
a eu en partage l'Invention , qui luy a fait faire
autant de Miracles que de Tableaux , dans leſquels on remarque * une certaine Grace qui luy
eſtoit particuliere & naturelle , & que perſonne
depuis ne s'eſt jamais pû rendre familiere. Michelange a poſſedé puiſſamment le Deſ-

Exercete alacres, dum strenua corda Iuventus
Viribus extimulat vegetis, patiensq laborum est;
Dum vacua errorum nulloque imbuta sapore
Pura nitet mens, & rerum sitibunda novarum
Præsentes haurit species atque humida servat.

In Geometrali priùs Arte parumper adulti LXX.
Ordo Studiorū.
Signa Antiqua super Graiorum addiscite formā;
Nec mora nec requies, noctuque diuque labori
Illorum Menti atque Modo, vos donec agendi
Praxis ab assiduo faciles assueverit usu.

Mox ubi Iudicium emensis adoleverit annis,
Singula quæ celebrant primæ Exemplaria classis
Romani, Veneti, Parmenses, atque Bononi
Partibus in cunctis pedetentim atq; ordine recto,
Ut monitum suprà est vos expendisse juvabit.

Hos apud invenit RAPHAEL miracula summo
Ducta modo, veneresque habuit quas nemo
deinceps.
Quidquid erat formæ scivit BONAROTA
potenter.

D iij

Iulius *à puero Muſarum eductus in Antris*

Aonias reſeravit opes, Graphicaque Poëſi

Quæ non viſa priùs, ſed tantùm audita Poëtis

Ante oculos ſpectanda dedit Sacraria Phœbi:

   Quæque coronatis complevit bella triumphis

Heroüm Fortuna potens, caſuſque decoros

Nobilius reipſa antiqua pinxiſſe videtur.

Clarior ante alios CORREGIUS *extitit, ampla*

Luce ſuperfuſa circum coëuntibus Vmbris,

Pingendique Modo grandi, & tractando Colore

Corpora. Amicitiamque, graduſque, doloſque

   Colorum,

Compagemque ita diſpoſuit TITIANUS, *ut inde*

Divus apellatus, magnis ſit honoribus auctus

Fortunæq; bonis: Quos ſedulus ANNIBAL *omnes*

In propriam Mentē atq; Modũ mira arte coëgit.

LXXI.
Natura & Experientia Artem perficiunt.

Plurimus inde labor Tabulas imitando juvabit

Egregias, Operumque Typos; ſed plura docebit

ſein pardeſſus tous les autres. * IULES ROMAIN
élevé dés ſon Enfance dans le Païs des Muſes,
nous a ouvert le Treſor du Parnaſſe, & par une
Poëſie peinte, il a découvert à nos yeux les plus
ſacrez Myſteres d'Apollon, & tous les Ornemens les plus rares que ce Dieu eſt capable de
communiquer aux Ouvrages qu'il inſpire ; ce
que nous ne connoiſſions juſques alors que par
le recit que nous en avoient fait les Poëtes. Il
ſemble avoir peint avec plus de Nobleſſe & de
Magnificence que la choſe meſme n'en avoit
aux Siecles paſſez, les fameuſes guerres que la
Fortune toute-puiſſante des Heros a finies en les
faiſant triompher des Teſtes couronnées, & les
autres grands & illuſtres Evenemens qu'elle a
cauſez dans le Monde. Le CORREGE s'eſt
rendu recommandable pour avoir donné de la
Force & de la Vigueur à ſes Figures, ſans y mettre d'Ombre que tout autour, encore ſont-elles
ſi bien meſlées & confonduës avec leurs Clairs,
qu'elles en ſont preſque imperceptibles. Il eſt
encore unique dans ſa grande Maniere de peindre, & dans la Facilité qu'il a euë à manier les
Couleurs. Et le TITIEN a ſi bien entendu l'V-
nion, les Maſſes & les Corps des Couleurs,
l'Harmonie des Tons & la Diſpoſition du Tout-
enſemble, qu'avec le nom de Divin il a merité
d'eſtre comblé d'honneurs & de biens. Le Soigneux ANNIBAL a pris de tous ces Grands
Hommes ce qu'il en a trouvé de bon, dont il a
fait comme un precis qu'il a converti en ſa propre ſubſtance.

C'eſt un grand moyen de profiter beaucoup,
que de copier auec ſoin les excellens Tableaux &
les beaux Deſſeins : mais la Nature preſente de-

LXXI.
La Nature &
l'Experience
perfectionnent
l'Art.

vant les yeux vous en apprendra encore davantage; parce qu'elle augmente la force du Genie;
& c'est d'elle que l'Art tire sa plus grande perfection par le moyen de l'Experience. * Ie passe
sous silence beaucoup de choses que vous apprendrez dans le Commentaire.

Considerant que toutes choses sont sujettes
à la vicissitude des temps, & qu'elles peuvent
perir par differentes voyes, j'ay crû que je devois prendre la hardiesse de * donner en garde
aux Muses, ces aimables & ces immortelles
Sœurs de la Peinture, le peu de Preceptes que
j'en ay faits.

Ie me suis occupé à travailler cét Ouvrage
dans Rome, pendant que l'Honneur des Bour-
bons &.le Vengeur de ses Ancestres L o u ï s
X I I I. lançoit ses foudres sur les Alpes, & faisoit ressentir la force de son Bras victorieux à ses
Ennemis; & comme un autre Hercule François
renaissant pour le bien de sa Patrie étouffoit le
Lion d'Espagne.

Natura ante oculos præsens; nam firmat & auget
Vim Genij, ex illaq; Artē Experientia complet.
Multa supersileo quæ Commentaria dicent.

Hæc ego, dum memoror subitura volubilis ævi
Cuncta vices, variisque olim peritura ruinis,
Pauca Sophismata sum Graphica immortalibus
    ausus
Credere Pieriis. Roma meditatus, ad Alpes
Dum super insanas moles inimicaque castra
Borbonidum decus & vindex Lodoicus Avorum
Fulminat ardenti dextra, Patriæque resurgens
Gallicus Alcides, premit Hispani ora Leonis.

REMARQVES
SVR L'ART
DE
PEINTVRE
DE CHARLES ALFONSE
DV FRESNOY.

Le nombre qui est à la teste de chaque Remarque sert à trouver, dans le texte, l'endroit sur lequel la Remarque est faite.

[

I

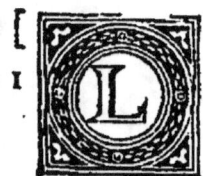

A Peinture & la Poësie sont deux Sœurs qui se ressemblent si fort en toutes choses.] C'est une verité qui demeure pour constante, Que les Arts ont un certain rapport les uns aux autres. *Il n'y a pas un Art (dit Tertullien) qui ne soit pere ou parent d'un autre.* Et Ciceron, dans son Oraison pour le Poëte Archias, dit que, *Tous les Arts qui regardent la*

Dans son Traité de l'Idolatrie.

vie humaine ont entr'eux comme une espece d'al-
liance, & se tiennent tous, s'il faut ainsi dire, par
la main. Mais ceux de tous les Arts, qui sont les
plus proches & les plus anciens parens, sont la
Peinture & la Poësie ; & quiconque voudra bien
les examiner, les trouvera si ressemblantes en
toutes choses, qu'il n'aura pas de peine à croire
qu'elles soient Sœurs.

Elles suivent toutes deux la mesme pente, &
elles se laissent emporter plûtost que conduire à
leurs secrettes inclinations, qui sont autant de se-
mences de la Divinité. *Il y a un Dieu au dedans*

Dans ses Fastes au commen-cement du l. 6.

de nous-mesmes (dit Ovide parlant des Poëtes)
lequel nous échauffe en nous agitant. Et Suidas
dit, *Que ce fameux Sculpteur Phidias, & que*
Zeuxis ce Peintre incomparable, tous deux trans-
portez par un Antouzyasme, ont donné la vie à
leurs Ouvrages. Elles tendent toutes deux à mesme fin, qui est l'Imitation. Toutes deux excitent
nos passions ; & nous nous laissons tromper vo-
lontairement, mais agreablement par l'une &
par l'autre ; nos yeux & nos esprits y sont si fort
attachez, que nous voulons nous persuader que
les Corps peints respirent, & que les fictions
sont des veritez. Toutes deux sont occupées par
les belles actions des Heros, & travaillent à les
éterniser. Toutes deux enfin sont appuyées sur
les forces de l'Imagination, & se servent des licences qu'Apollon leur donne également, &
que leur Genie leur inspire.

Horace dans son Art Poëti-que.

Pictoribus atque Poëtis
Quidlibet audendi semper fuit æqua potestas.

L'avantage que la Peinture a par-dessus la
Poësie, est, Que parmi cette grande diversité
de Langues, elle se fait entendre de toutes les

Nations de la Terre ; & qu'elle eſt neceſſaire à
tous les autres Arts, à cauſe du beſoin qu'ils ont
de figures demonſtratives, qui donnent bien
ſouvent plus d'intelligence que tous les diſcours
du monde.

Segnius irritant animos demiſſa per aurem,
Quam quæ ſunt oculis commiſſa fidelibus. Hor. dans ſon
Art.

Les choſes qui entrent dans l'eſprit par les oreil-
les, prennent un chemin bien plus long, &
touchent bien moins, que celles qui y entrent par
les yeux, leſquels ſont des témoins plus fideles
& plus ſeurs que les oreilles.

9. [*Car pour contribuer toutes deux aux ſa-*
crez honneurs de la Religion.] La Poëſie par ſes
Hymnes & ſes Cantiques ; & la Peinture par
ſes Statuës, par ſes Tableaux, & par tous les
ornemens qui inſpirent du reſpect & de la ve-
neration pour les ſaints Myſteres. Gregoire de
Nice apres avoir fait une longue & belle deſcription du Sacrifice d'Abraham, dit ces paro- Dans ſonOrai-
ſon de la Deïté
du Fils & du
S. Eſprit.
les: *J'ay ſouvent jetté les yeux ſur un Tableau*
qui repreſente ce ſpectacle digne de pitié, & je
ne les ay jamais retirez ſans larmes ; tant la
Peinture a ſceu repreſenter la choſe, comme ſi
elle ſe paſſoit effectivement.

24. [*Tant ces Arts divins ont eſté honorez,*
& tant ils ont eu de puiſſance.] Les grands Sei- Pline l. 3f.
gneurs, les Villes, & les Magiſtrats tenoient
autrefois à grand honneur d'obtenir quelque
Tableau de la main de ces grands Peintres de
l'Antiquité. Mais cét honneur eſt bien décheu
aujourd'huy parmy la Nobleſſe de France ; & ſi
vous en voulez ſçavoir la cauſe, Vitruve vous Dans la Pref.
du 3. livre.
dira que c'eſt l'ignorance des beaux Arts : *Pro-*
pter ignorantiam (dit-il) *Artis virtutes obſcu-*

rantur. Et nous verrions cét Art admirable de
la Peinture tomber dans le dernier mépris, si
noftre grand Roy, qui ne cede en rien à la
Magnanimité du grand Alexandre, n'avoit
fait paroiftre autant d'amour pour la Peinture,
comme il a montré de valeur pour la guerre.
Nous le voyons careffer ce bel Art par les vifites & par les prefens confiderables qu'il fait à
fon premier Peintre, apres avoir étably & fon-
dé, pour le progrés & pour la perfection de la
Peinture, une Academie que fon premier Mi-
niftre honore de fa protection, de fes foins,
& fouvent de fes vifites. De forte que nous verrions revenir entierement le fiecle d'Apelle, &
revivre tous les beaux Arts, fi nos genereux
Gentils-hommes, qui fuivent noftre incomparable Monarque avec tant d'ardeur & de courage dans tous les perils où il s'expofe pour la
grandeur & la gloire de fon Royaume, fui-
voient de mefme cette noble affection qu'il a
pour tous les excellens Ouvriers. Ce qu'il y
avoit de perfonnes confiderables & d'illuftre
naiffance dans la Grece, prirent un foin particulier durant plufieurs fiecles de fe faire inftruire à la Peinture, fuivant une loüable & utile
couftume, dont le Grand Alexandre eftoit l'Auteur; qui eftoit d'apprendre à deffeigner avant
toute autre chofe. Et Pline qui en rend témoi-
gnage dans fon dixiéme chapitre du 35. livre dit
encore parlant de Pamphile Maiftre d'Apelle,
Que ce fut par l'autorité de ce Prince, qu'à
Sicyone premierement, & enfuite par toute la
Grece, les jeunes Gentils-hommes apprirent
avant toute autre chofe à deffeigner fur des ta-
blettes de boüis, & que l'on donna à la Peinture

le premier *rang parmy les* Arts liberaux. Et ce
qui fait voir qu'ils estoient fort intelligens dans
cét Art, est l'amour & la consideration qu'ils
avoient pour les Peintres. Demetrius en donna
d'avantageux témoignages au siege de Rhodes;
il voulut bien employer quelque partie du
temps qu'il devoit aux soins de son armée à vi-
siter Protogene, qui pour lors faisoit le tableau
de Ialisus: *Ce* Ialisus *(dit Pline) empescha le* Liv. 35. c. 10.
Roy Demetrius de prendre Rhodes dans l'ap-
prehension qu'il avoit de brusler les Tableaux,
& ne pouvant par autre costé mettre le feu dans
la Ville, il ayma mieux épargner la Peinture,
que de recevoir la Victoire qui luy estoit offerte.
Protogenes avoit pour lors son Attelier dans un
jardin hors de la Ville, tout proche du Camp des
ennemis, où il achevoit assiduëment les Ouvrages
qu'il avoit commencez, sans que le bruit des ar-
mes fust capable de l'interrompre; mais Deme-
trius l'ayant fait venir, & luy ayant demandé
avec quelle hardiesse il osoit ainsi travailler au
milieu des Ennemis? Il luy répondit, Qu'il
sçavoit fort bien que la guerre qu'il avoit en-
treprise, estoit contre les Rhodiens, & non pas
contre les Arts. Ce qui obligea le Roy de luy
donner des gardes pour sa sureté, estant ravy
de pouvoir conserver la Main qu'il avoit ainsi
sauvée de la barbarie & de l'insolence des sol-
dats. Alexandre n'avoit pas de plus sensible
plaisir, que lors qu'il estoit dans l'Attelier d'A-
pelle, où on le trouvoit presque toûjours; & ce
Peintre receut un jour une marque tres-sensi-
ble de son amitié & de la complaisance qu'il
avoit pour luy: *Car luy ayant fait peindre tou-* Pline liv. 35. c. 10.
te nuë (à cause de son admirable beauté) l'une

de ses Concubines qu'on appelloit Campaspe, &
celle de toutes les autres à qui il avoit donné
plus de part dans son cœur; & s'estant apperceu
qu'elle avoit frappé d'un mesme trait celuy
d'Apelle, il luy en fit un present. L'on portoit
en ce temps-là tant d'honneur à la Peinture,
que ceux qui avoient quelque habileté en cet
Art, ne peignoient sur aucune chose qui ne pût
estre transportée d'un lieu à un autre, & qu'on
n'auroit pû garantir d'un embrasement: *Ils se*
seroient bien gardez (comme dit Pline dans le
mesme endroit que je vous ay déja cité) *de*
peindre contre un mur qui ne peut estre qu'à un
Maistre, qui seroit toûjours demeuré dans un
mesme lieu, & qu'on n'auroit pû dérober à la
rigueur des flammes; il n'estoit pas permis de
retenir comme en prison la Peinture sur les mu-
railles; elle demeuroit indifferemment dans tou-
tes les Villes, & un Peintre estoit un bien com-
mun à toute la Terre. Voyez vous-mesme cét
excellent Autheur, & vous trouverez que son
dixiéme chapitre du 35. livre est tout plein des
loüanges de la Peinture, & des honneurs qu'on
luy rendoit. Vous y verrez comme il n'estoit
permis qu'aux Nobles de la professer. François
I. au rapport de Vazare, ayma tant la Peinture,
qu'il fit venir d'Italie tout ce qu'il pût d'habiles
hommes, pour rendre cét Art fleurissant dans
son Royaume; entre autres Leonard de Vinci,
lequel apres avoir esté quelque temps en France, mourut à Fontainebleau entre les bras de ce
grand Prince, qui ne pût voir cette mort sans
en verser des larmes. Charles-Quint a enrichy
l'Espagne des plus precieux Tableaux que nous
ayons aujourd'huy. Ridolfi dans la Vie du Titien,

tien, dit, que cét Empereur ramaſſa un jour un pinceau que ce Peintre avoit laiſſé tomber en luy faiſant ſon portrait ; & ſur le remerciement & l'excuſe que le Titien luy en faiſoit, il luy dit ces paroles : *Titien merite d'eſtre ſervy par Ceſar.* Et dans la meſme Vie, l'on voit que cét Empereur *ſe vantoit & s'eſtimoit glorieux, non ſeulement de s'eſtre rendu des Provinces tributaires; mais d'avoir obtenu trois fois l'immortalité par les mains du Titien.* Si vous voulez prendre la peine de lire la Vie de ce fameux Peintre dans Ridolfi , vous y verrez tous les honneurs qu'il a receus de Charles-Quint; il ſeroit trop long de vous en faire icy le détail : Ie vous diray ſeulement que les grands Seigneurs qui compoſoient la Cour de cét Empereur, n'ayant pû s'empeſcher de luy témoigner leur jalouſie , ſur ce qu'il preferoit la perſonne & la converſation du Titien à celle de tous les autres Courtiſans , il leur dit : *Qu'il ne manqueroit jamais de Courtiſans ; mais qu'il n'auroit pas toûjours un Titien avec luy.* Auſſi l'a-t'il comblé de biens , & quand il luy envoyoit de l'argent , qui eſtoit pour l'ordinaire une groſſe ſomme , il luy témoignoit, que ſon deſſein n'eſtoit pas de payer ſes Tableaux , puiſqu'il reconnoiſſoit qu'ils eſtoient ſans prix ; à l'exemple des Grands de l'Antiquité, qui achetoient les belles Peintures à pleins boiſſeaux de pieces d'or ſans compte & ſans nombre: *In nummo aureo menſura accepit non numero,* dit Pline parlant d'Apelle. Quintilien infere de là, qu'il n'y a rien de plus noble que la Peinture ; puiſque la pluſpart des autres choſes ſe marchandent, & ont un prix: *Pleraque hoc ipſo poſſunt*

E

videri vilia quod pretium habent. Voyez les 34,
35. & 36. livres de Pline. Quantité de grands
perſonnages l'ont aymée avec paſſion, & s'y
font exercez avec plaiſir : Entre autres Lelius,
Fabius l'un de ces fameux Romains , qui au
rapport de Ciceron, depuis qu'il eut gouſté la
Peinture, & qu'il s'y fut exercé, voulut eſtre
appellé Fabius Pictor, Turpilius Chevalier Romain, Labeon Preteur & Conſul, Quintus Pe-
dius , les Poëtes Ennius , & Pacuvius, Socrate,
Platon , Metrodore , Pirrhon, Commode, Neron, Veſpaſien, Alexandre Severe, Antonin, &
pluſieurs autres Empereurs & Roys qui n'ont
pas tenu au deſſous de leur Majeſté d'y employer une partie de leur temps.

In Bruto.

§ 37. [*La principale & la plus importante partie*
de la Peinture, eſt de ſçavoir connoiſtre ce que
la Nature a fait de plus beau & de plus conve-
nable à cét Art.] Voicy où échoüent preſque
tous les Peintres Flamans ; & la pluſpart ſçavent imiter la Nature pour le moins auſſi bien
que les Peintres des autres Nations ; mais ils en
font un mauvais choix , ſoit parce qu'ils n'ont
pas veu l'Antique, ou que le beau Naturel ne ſe
trouve pas ordinairement dans leur païs. Et
dans la verité ce Beau eſtant fort rare, il eſt
connu de peu de perſonnes , il eſt difficile d'en
faire le choix , & de s'en former des idées qui
puiſſent ſervir de modele.

§ 39. [*Et que le choix s'en faſſe ſelon le gouſt &*
la maniere des Anciens.] C'eſt à dire, ſelon les
Statuës, les Bas-reliefs, & ſelon les autres Ouvrages Antiques, tant des Grecs que des Romains. On appelle Antique ce qui a eſté fait
depuis Alexandre le Grand juſqu'à l'Empereur

Phocas, fous l'Empire duquel les Arts furent
ruïnez par la guerre. Ces Ouvrages Antiques
ont toûjours efté depuis leur naiſſance, la Regle de la Beauté. Et en effet, leurs Auteurs ont
pris un tel ſoin de les mettre dans la perfection
où nous les voyons, qu'ils ſe ſervoient, non pas
d'un ſeul Naturel, mais de pluſieurs dont ils pre-
noient les parties les plus regulieres pour en faire un beau Tout: *Les Sculpteurs* (dit Maxime
de Tyr) *par un admirable artifice, choiſiſſent de
pluſieurs Corps les Parties qui leur ſemblent les
plus belles, & ne font de cette diverſité qu'une
ſeule Statuë; mais ce mélange eſt fait avec tant
de prudence, & ſi à propos, qu'ils ſemblent n'a-
voir eu pour Modele, qu'une ſeule & parfaite
Beauté. Et ne vous imaginez pas pouvoir jamais
trouver une Beauté naturelle qui le diſpute aux
ſtatuës, l'Art a toûjours quelque choſe de plus
parfait que la Nature.* Il eſt meſme à preſumer que dans le choix qu'ils faiſoient de ces Parties, ils ſuivoient le ſentiment des Medecins, qui
eſtoient pour lors bien capables de leur donner
des regles de la Beauté; puiſque la Beauté & la
ſanté ſe doivent ordinairement ſuivre l'une l'autre. Car la Beauté, ſelon Galien, n'eſt autre
choſe, *qu'un juſte accord & une harmonie des
membres les uns avec les autres, animez d'un
bon temperament.* Et les hommes (dit le meſme Galien) *loüent une certaine Statuë de Poli-
clete qu'ils appellent la Regle, & qui a merité
ce nom, pour avoir dans toutes ſes parties, un accord ſi parfait, & une proportion ſi exacte, qu'il
n'eſt pas poſſible d'y trouver à redire.* L'on peut
conclure de ce que je vous viens d'alleguer, que
les Antiques ſont belles, parce qu'elles reſſem-

Differt. VII.

Liv. ſur les ſen-
timens d'Hip-
pocrate & Pla-
ton. ch. 3.

E ij

blent à la belle Nature; & que la Nature ſera
toûjours belle quand elle reſſemblera aux belles
Antiques. Et voila pourquoy perſonne depuis
ne s'eſt aviſé de diſputer la Proportion de ces
Antiques, & qu'au contraire, elles ont toûjours
eſté citées, comme les Modeles des Beautez les
plus parfaites. Ovide dans le 12. de ſes Metamorphoſes, où il fait la deſcription de Cyllare
le plus beau des Centaures, dit, *Qu'il avoit*
une ſi grande vivacité dans le viſage, le col,
les épaules, les mains, & l'eſtomac ſi beaux,
qu'on pouvoit aſſurer avec raiſon, qu'en tout ce
qu'il avoit de l'homme, c'eſtoit la meſme Beauté
que l'on remarque dans les Statuës les plus ce-
lebres. Et Philoſtrate dans ſes Heroïques parlant de Proteſilaüs, & loüant la beauté de ſon
viſage, dit, *Que la forme de ſon nez eſt quar-*
rée, & comme ſi c'eſtoit d'une Statuë. Et dans
un autre endroit, parlant d'Euphorbe, il dit,
Que ſa beauté a gagné le cœur des Grecs, &
qu'il eſtoit ſi approchant de la Beauté d'une
Statuë, qu'on l'auroit pris pour Apollon. Et encore plus bas, parlant de la beauté de Neopto-
leme, & de la reſſemblance qu'il avoit avec ſon
pere Achille, dit, *Qu'en beauté ſon pere avoit*
autant d'avantage ſur luy que les Statuës en ont
ſur les beaux hommes: Ce qui ſe doit entendre
des plus belles Statuës; d'autant que parmy le
grand nombre d'Ouvriers qui eſtoient dans la
Grece & dans l'Italie, il n'eſt pas poſſible qu'il
n'y en ait eu de méchans, ou pluſtoſt de moins
habiles; car bien que leurs Ouvrages ſoient
beaucoup inferieurs à ceux de la premiere claſſe, on y remarque neantmoins un je ne ſçay
quoy de grand, & une harmonieuſe diſtribution

Verſu 397.

dans les parties : Ce qui fait assez connoistre,
qu'il y avoit en ce temps-là des Principes com-
muns à tous les Ouvriers, & que chacun s'en
servoit selon sa capacité & son Genie. Ces Statuës estoient un des plus grands ornemens de la
Grece ; il n'y a qu'à ouvrir le Livre de Pausanias pour en voir la quantité prodigieuse, soit au
dedans, ou au dehors des Temples, soit dans les
carrefours & les places publiques, soit mesme
dans les campagnes & dans les Tombeaux. On
en erigeoit aux Muses, aux Nimphes, aux Heros, aux grands Capitaines, aux Magistrats, aux
Philosophes, aux Poëtes : On en erigeoit enfin
à tous ceux qui s'estoient signalez, ou pour la
défense de leur Patrie, ou pour quelque grande
action digne de recompense ; car c'estoit la maniere la plus ordinaire & la plus autentique dont
usoient les Grecs & le Peuple Romain pour témoigner leur gratitude. Les Romains dans la
Conqueste de la Grece, en transporterent non
seulement les plus belles Statuës ; mais en ame-
nerent les meilleurs Ouvriers, qui en instruisi-
rent d'autres, & qui ont laissé à la Posterité des
marques eternelles de leur sçavoir; comme nous
le voyons par ces admirables Statuës, ces Vases,
ces Bas-reliefs, & ces belles Colomnes Trajane & Antoniane. Ce sont toutes ces Beautez,
que nostre Auteur nous propose pour Modeles,
& comme les veritables Sources de la Science,
où il faut que les Peintres & les Sculpteurs ail-
lent puiser eux-mesmes, sans s'amuser aux ruis-
seaux quelquesfois bien troubles & bien
boüeux, je veux dire, à la Maniere de leurs Mai-
stres, apres laquelle ils vont rampans, & dont
pour l'ordinaire ils ne veulent pas se departir, ou

par negligence, ou par la baſſeſſe de leur Genie.
Il n'appartient qu'aux eſprits peſans (dit Ciceron) *de s'amuſer aux ruiſſeaux, & de ne point*
rechercher les ſources, d'où coulent toutes cho-
ſes en abondance.

Liv. 3. de Ora-
tore.

¶   40. [*Sans laquelle tout n'eſt qu'une barbarie*
aveugle, &c.] Tout ce qui n'a rien du gouſt Antique s'appelle Maniere Barbare, ou Maniere
Gottique, laquelle ne ſe conduit par aucune Regle ; mais par un caprice bas, & qui n'a rien de
noble. Il faut remarquer icy que les Peintres
ne ſont pas obligez de ſuivre l'Antique auſſi
exactement que les Sculpteurs, parce que leurs
figures ſentiroient trop la Statuë, & paroi-
ſtroient ſans mouvement. Pluſieurs Peintres,
meſme des plus habiles, croyant bien faire, &
prenant ce precepte trop à la lettre ſont tombez dans ces inconveniens. Il faut donc que les
Peintres ſe ſervent de l'Antique avec diſcretion, & qu'ils y accommodent tellement le Naturel, qu'il ſemble que leurs Figures toutes vi-
vantes ayent pluſtoſt ſervy de modele pour les
Antiques, que les Antiques pour leurs figures.
Il ſemble que Raphaël ſe ſoit parfaitement
ſervy de cette conduite, & que les Lombards
n'ayent veu l'Antique preciſément, que pour
apprendre à faire un bon choix du Naturel, &
pour donner de la Grace & de la Nobleſſe à tout
ce qu'ils ont fait, par une idée generale & con-
fuſe qu'ils avoient de ces belles choſes ; car du
reſte ils ſe ſont aſſez licentiez, à la reſerve du
Titien, qui de tous les Lombards a le plus con-
ſervé de Pureté dans ſes Ouvrages. Cette Maniere Barbare dont je viens de parler a eſté fort
en regne depuis 611. juſqu'à 1450. Ceux qui

ont commencé à rétablir la Peinture en Allemagne (parce qu'ils n'avoient rien veu de ces
beaux reſtes de l'Antiquité) ont beaucoup tenu
de cette Barbarie; entre autres Lucas de Leyde,
homme fort laborieux, & qui avec ſes éléves a
infecté preſque toute l'Europe par ſes Deſſeins
de Tapiſſeries, leſquelles ſont appellées par les
ignorans, Tapiſſeries Antiques : (on leur fait
bien de l'honneur) & ſont eſtimées comme
belles par la pluſpart du monde. Ie vous avoüe
que je ſuis ſurpris d'une ignorance ſi groſſiere,
& que nos François ayent ſi mauvais gouſt que
de ſe faire des beautez auſſi fades & auſſi niai-
ſes que ſont ces ſortes de Tapiſſeries. Albert
Durer ce fameux Allemand, & contemporain
de Lucas, a eu pareillement le mal-heur de
donner dans cette méchante maniere, pour
avoir eſté privé de la veüe de ces belles choſes.
Voicy ce qu'en dit Vazare dans la Vie de Marc-
Antoine, apres l'avoir loüé ſur ſa graveure &
ſur ſes autres talens : *Et dans la verité ſi cét*
homme ſi rare, ſi exact, & ſi univerſel avoit
eu la Toſcane pour patrie, comme il a eu la
Flandre, & qu'il euſt pû étudier d'apres les
belles choſes que l'on voit dans Rome, comme
nous avons fait nous autres, il auroit eſté le
meilleur Peintre de toute l'Italie ; de meſme
qu'il a eſté le Genie le plus rare & le plus ce-
lebre qu'ayent jamais eu les Flamans.

¶ 45.[*Nous aymons ce que nous connoiſſons,&c.*]
Cette periode veut dire : Que quoy que nous
ſoyons les mieux intentionnez du monde, que
la naiſſance nous ait pourveus d'un beau Genie,
& que nous en ſuivions la pente, ce n'eſt pas
encore aſſez ; il faut que nous apprenions avec

E iiij

foin à connoiftre ce qui eft le Beau & le parfait
dans la Nature, afin que nous le puiffions imiter apres l'avoir trouvé, & qu'en cela nous nous
rendions capables de remarquer les fautes qu'elle fait pour les rejetter, & ne la coppier pas en
toutes fortes de fujets, telle qu'elle fe prefente
fans difcernement & fans choix.

¶   50.[*Comme l'Arbitre fouverain de fon Art.*]
Ce mot, d'Arbitre fouverain, prefuppofe un
Peintre pleinement inftruit de toutes les Parties
de la Peinture ; en forte que s'eftant mis comme
au deffus de fon Art, il en foit le Maiftre & le
Souverain : ce qui n'eft pas une petite affaire.
Ceux de la Profeffion ont fi rarement cette fu-
preme capacité, qu'il s'en trouve bien peu qui
puiffent eftre de bons Iuges des Ouvrages, &
que je ferois fouvent plus d'eftat de l'avis d'un
homme de bon fens qui n'auroit jamais manié
le Pinceau, que de celuy de la plufpart des Peintres. Tous les Peintres peuvent donc eftre Arbi-
tres de leur Art ; mais pour eftre fouverains Ar-
bitres, il n'appartient qu'aux fçavans Peintres.

¶   52. [*Les beautez fuyantes & paffageres*] ne
font autres, que celles que nous remarquons
dans la Nature pour tres-peu de temps, & qui
ne font pas fort attachées à leurs fujets ; telles
font les Paffions de l'Ame. Il y a de ces fortes de
beautez qui ne durent qu'un moment, comme
les mines differentes que fera une affemblée à la
veuë d'un fpectacle impreveu & non commun;
quelque particularité d'une Paffion violente,
quelque action faite avec grace, un fouris, une
œillade, un mépris, une gravité, & mille autres
chofes femblables. On peut encore mettre au
nombre des beautez paffageres, les beaux nua-

gés, tels qu'ils sont ordinairement apres la pluye ou apres le tonnere.

54. [*De mesme que la seule Pratique, &c.*] 10. 5.
On voit dans Quintilien que Pytagore disoit, que la Theorie n'estoit rien sans la Pratique, & que la Pratique n'estoit rien sans la Theorie. *Et le moyen* (dit Pline le Ieune) *de retenir ce qu'on vous a montré, si vous ne le mettez en pratique.* On n'appelleroit point Orateur un homme qui auroit les plus belles pensées du monde, & qui sçauroit toutes les Regles de la Rhetorique, s'il ne s'estoit encore acquis par l'exercice, l'art de s'en servir, & d'en composer d'excellens discours. La Peinture est un long pelerinage; vous avez beau faire tous les preparatifs necessaires pour vostre voyage, vous avez beau vous informer des passages difficiles, si vous ne vous mettez en chemin, & que vous ne marchiez à grands pas, vous n'y arriverez jamais : Et comme il seroit ridicule de vieillir dans l'estude de chaque Partie necessaire à un Art qui embrasse tant de choses ; aussi de mettre la main à l'œuvre sans les sçavoir, ou bien apres les avoir trop legerement passées, c'est s'exposer à la risée des Connoisseurs, & faire voir qu'on n'est guere sensible à la gloire. Plusieurs disent qu'il n'y a qu'à travailler pour devenir habile, & que la Theorie ne fait qu'embarasser l'esprit & retenir la main: Ces gens-là font justement comme les Escurcüils qui tournent la roüe qui leur sert de cage; ils courent bien viste, ils se lassent fort, & n'avancent point du tout. *Il ne suffit pas pour bien faire d'aller viste* (dit Quintilien) *mais pour aller viste, il suffit de bien faire :* C'est une méchante excuse de dire, Ie n'y ay esté que tres-

peu de temps. Cette belle facilité, ce feu celeste
qui donne l'esprit à l'Ouvrage, ne vient pas
tant d'avoir souvent fait, que d'avoir bien entendu ce que l'on a fait. Voyez ce que je dis sur
le 51. Precepte, qui est de la Facilité. Il y en a
d'autres, qui croyent les Preceptes & la Theorie
absolument necessaires : Mais comme ils ont
esté mal instruits, & que ce qu'ils sçavent les
broüille plûtost qu'il ne les éclaire, ils s'arrestent
souvent tout cour, & s'ils font quelque Ouvrage, ce n'est pas sans chagrin & sans peine : Et
dans la verité, ils sont d'autant plus dignes de
compassion, qu'ils sont bien intentionnez ; &
s'ils n'avancent pas tant que d'autres, & qu'ils
demeurent quelque-fois tout court, je les trouve
fondez en quelque sorte de raison : car il est du
bon sens de n'aller pas si viste, quand on se croit
égaré, ou que l'on doute du chemin que l'on
doit tenir. D'autres au contraire, estant instruits
des bonnes Maximes & des bonnes Regles de
l'Art, apres avoir fait de fort belles choses, les
gastent ensuite à force de vouloir mieux faire, &
s'enyvrent tellement de leur Ouvrage à force
d'estre dessus, qu'ils se laissent tromper par l'ap-

Pline 35. 10.

parence d'un bien imaginaire. *Apelle admirant*
un jour le prodigieux travail qu'il voyoit dans
un Tableau de Protogene, & connoissant com-
bien il avoit sué à le faire, dit que Protogene &
luy estoient bien d'égale force, & qu'il luy cedoit
même en quelque Partie : mais qu'il le surpassoit
en ce que Protogene ne pouvoit se tirer de dessus
son Ouvrage, & disoit comme par un Precepte
qu'il vouloit que tous les Peintres imprimassent
bien avant dans leur memoire, Qu'à force de
chercher & de vouloir terminer les choses, on se

faiſoit ſouvent un prejudice tres-notable. Il y en a (dit Quintilien) *qui ne ſe ſatisfont jamais,* 10. 30 *& qui ne ſont pas contens de l'expreſſion qui s'eſt rencontrée la premiere ; ils veulent tout changer, en ſorte qu'on ne reconnoiſſe plus rien de leur pre-miere Idée. On en voit d'autres* (continuë-t'il), *qui ne peuvent ſe croire eux-meſmes, ny ſe de-terminer, & qui eſtant, pour ainſi dire, broüil-lez avec leur Genie, s'imaginent que c'eſt une loüable exactitude, que de former des difficultez dans ſon Ouvrage ; & en verité c'eſt une choſe aſſez difficile, de dire leſquels de ceux-là pechent plus griévement, ou de ceux qui ſont amoureux de tout ce qu'ils produiſent, ou de ceux à qui rien ne plaiſt. Car il eſt arrivé à de Ieunes-hommes, ſouvent meſme à ceux qui avoient le plus d'eſ-prit, de le conſumer & de le perdre dans la peine, qu'ils ſe ſont donnée, & d'eſtre tombez juſques dans l'aſſoupiſſement par le trop grand deſir de bien faire. Voicy comme on doit ſe comporter en ſemblables rencontres. Il faut à la verité faire tout noſtre poſſible pour mettre les choſes dans la derniere perfection : mais neantmoins que ce ſoit ſelon noſtre portée & ſelon noſtre Verve : car pour s'avancer, il eſt bien vray qu'il faut du ſoin & de l'eſtude ; mais cette eſtude ne doit pas eſtre mê-lée d'opiniâtreté ny de chagrin : C'eſt pourquoy, ſi le vent nous eſt favorable, il y faut donner les voiles, & il arrivera quelque-fois que nous ſui-vrons des mouvemens où la chaleur a plus de pou-voir que le ſoin & l'exactitude : pourveu que nous n'abuſions pas de cette licence, & que nous ne nous y laiſſions pas tromper : car toutes nos productions nous plaiſent au moment de leur naiſſance.*

¶ 61. [*Veu que les plus belles choses ne se peuvent souvent exprimer faute de termes.*] I'ay appris de la bouche de Monsieur du Fresnoy, qu'il avoit plusieurs fois oüi dire au Guide, Qu'on ne pouvoit donner de Preceptes des plus belles choses, & que les connoissances en estoient si cachées, qu'il n'y avoit point de maniere de parler qui les pût découvrir. Cela revient assez à ce que dit Quint. *Les choses incroyables n'ont point de paroles pour estre exprimées, il y en a quelques-unes qui sont trop grandes & trop relevées, pour pouvoir estre comprises dans le discours des hommes.* D'où vient que les Connoisseurs, quand ils admirent un beau Tableau, semblent y estre collez; & quand ils en reviennent, vous diriez qu'ils auroient perdu l'usage de la parole.

Paufiaca torpes insane Tabella. dit Horace. Et Symmachus dit, *Que la grandeur de l'étonnement ne permet pas que l'on donne des loüanges & des applaudissemens.* Les Italiens disent *Opera da stupire*, pour dire qu'une chose est fort belle.

¶ 65. [*Les premiers Exemplaires de l'Art.*] Il entend les plus sçavans & les meilleurs Peintres de l'Antiquité, c'est à dire depuis deux siecles en çà

¶ 66. [*Cette fureur de Veine.*] Il y a dans le Latin, qui ne produit que des monstres, c'est à dire des choses hors de la vraye-semblance; comme il se voit assez souvent dans les Oeuvres de Pietre Teste. *Il arrive souvent (dit un Autheur grave) que quelques-uns s'imaginans estre poussez d'une fureur divine, bien loin de se porter dans des fureurs de Bacchantes, tombent dans des badineries veritablement pueriles.*

Declam. 19.

Liv. 2. Sat. 7.
L. 10. ep. 22.

Dionysius Lon-
ginus.

68. [*Vn sujet beau & noble, qui eſtant de ſoy-meſme capable &c.*] La Peinture eſt non ſeulement divertiſſante & agreable, mais elle eſt encore comme un Memorial de tout ce qui s'eſt paſſé de plus beau dans l'Antiquité, nous remettant l'Hiſtoire devant les yeux, comme ſi elle ſe paſſoit effectivement; juſques là meſme, qu'à la veüe des Tableaux où les belles actions ſont repreſentées, nous nous ſentons piquez d'honneur de nous rendre capables de quelque choſe de ſemblable, de meſme que ſi nous avions leu quelque belle Hiſtoire. La beauté du Sujet donne de l'amour & de l'admiration pour le Tableau, comme le beau Tableau fait entrer dans le Sujet qu'il repreſente, & l'imprime plus avant dans l'eſprit & dans la memoire. Ce ſont deux chaiſnons engagez l'un dans l'autre, qui contiennent & qui ſont contenus, & dont la matiere doit eſtre également precieuſe.

73. [*Qui ſoit plein de ſel.*] *Aliquid ſalis,* Quelque choſe d'ingenieux, de fin, de piquant, d'extraordinaire, d'un gouſt relevé & qui ſoit propre à inſtruire & à éclairer les eſprits. *Il faut que les Peintres faſſent comme les Orateurs (* dit Ciceron *) qu'ils inſtruiſent, qu'ils divertiſſent, & qu'ils touchent:* & c'eſt proprement ce que veut dire ce mot de Sel.

De opt. gen. Orat.

74. [*Où il faut diſpoſer toute la Machine de voſtre Tableau.*] Ce n'eſt pas ſans raiſon ny par hazard que noſtre Autheur ſe ſert du mot de Machine. Vne Machine eſt un juſte aſſemblage de pluſieurs pieces pour produire un meſme effet. Et la diſpoſition dans un Tableau n'eſt autre choſe qu'un aſſemblage de pluſieurs Parties, dont on doit prevoir l'accord & la juſteſſe, pour pro-

duire un bel effet, comme vous verrez dans le
4. Precepte, qui eſt de l'Oeconomie ; auſſi l'ap-
pelle-t'on autrement Compoſition, qui veut dire la diſtribution & l'agencement des choſes en
general & en particulier.

¶　75. [*Qui eſt juſtement ce que nous appellons*
Invention.] Noſtre Autheur établit trois Parties
de la Peinture, l'Invention, le Deſſein, & la
Couleur, qu'il appelle autrement Cromatique.
Pluſieurs Autheurs qui ont écrit de la Peinture,
en multiplient les Parties comme il leur plaiſt ;
& ſans m'amuſer à vous en faire icy la diſcution,
je vous diray qu'il n'y en a point qui ne ſe rapporte aux trois que je viens de vous nommer :
c'eſt pourquoy j'en eſtime la diviſion plus juſte.
Et comme ces trois Parties ſont eſſentielles à la
Peinture, nul ne peut ſe dire veritablement
Peintre, s'il ne les poſſede toutes à la fois ; de
même qu'on ne peut pas donner le nom d'Homme à ce qui n'eſt pas compoſé d'un Corps, d'u-
ne Ame, & de la Raiſon, qui ſont trois parties
qui le forment neceſſairement. Comment donc
ceux-là pourront-ils pretendre à la qualité de
Peintre, qui ne font que copier, ou dérober les
Ouvrages d'autruy, qui y mettent toute leur induſtrie, & qui veulent avec cela paſſer pour
habiles ? Et ne dites pas que pluſieurs grands
Peintres en ont uſé de la ſorte : Car il ſeroit aiſé
de vous répondre, qu'ils auroient beaucoup
mieux fait de s'en abſtenir, que cét endroit
n'augmente pas leur gloire & ne fait pas le plus
beau de leur vie. Diſons donc, qu'il n'y a point
de Peintre qui ne doive s'acquerir cette belle
Partie, autrement c'eſt n'avoir point de cœur &
n'oſer ce ſemble paroiſtre, c'eſt ramper avec

baſseſse, & meriter ce juſte reproche, *O Imita-*
tores ſervum pecus. Il eſt des Peintres à l'égard
de leurs productions, comme des Orateurs : les
commencemens coûtent toûjours beaucoup :
mais il vaut mieux expoſer ſes Ouvrages à la
cenſure à quinze ans, que de rougir à cinquante.
Il faut donc que le Peintre commence de bonne heure à produire de luy-meſme, & qu'il s'y
accoûtume par l'exercice : car tant qu'il craindra
de tomber en s'élevant, il demeurera toûjours
par terre. Voyez l'Obſervation ſuivante.

76. [*C'eſt une Muſe qui eſtant pourveuë des*
autres avantages de ſes Sœurs, &c.] L'on
prend ordinairement les Attributs des Muſes
pour les Muſes meſmes ; & c'eſt dans ce ſens-là
que l'Invention eſt appellée une Muſe. Les Autheurs attribuent à chacune en particulier les
Sciences qu'elles ont, diſent-ils, inventées, &
en general, les belles Lettres ; parce qu'elles
contiennent preſque toutes les autres. Ces
Sciences ſont les avantages dont parle noſtre
Autheur, & dont il voudroit qu'un Peintre fuſt
ſuffiſamment pourveu. Et dans la verité il n'y en a
a pas un, pour peu qu'il ait d'eſprit, qui ne con-
noiſſe & qui ne ſente par luy-meſme combien
les Lettres ſont neceſſaires pour échauffer le
Genie, & pour le perfectionner. Et la raiſon de
cela eſt, que ceux qui ont étudié, ont non ſeulement veu & appris quantité de belles choſes
dans leurs Eſtudes, mais encore qu'ils ſe ſont
acquis par l'exercice une grande facilité de profiter de la lecture des bons Autheurs. Ceux qui
veulent faire profeſſion de la Peinture, ſe feront
des treſors de leur lecture, & y trouveront de
merveilleux moyens de s'élever infiniment au

deſſus des autres qui ne font que ramper, ou
s'ils s'élevent, ce n'eſt que pour tomber de plus
haut, puis qu'ils ſe ſervent des aîles d'autruy,
dont ils ne ſçavent pas l'uſage ny la force. Il eſt
vray qu'aujourd'huy ce n'eſt guere la mode
qu'un Peintre ſoit ſi ſçavant ; & que ſi l'on
voyoit quelqu'un qui eût, ou des Lettres ou de
l'eſprit, ſe porter à la Peinture, la pluſpart du
monde ne manqueroit jamais de dire, Que c'eſt
un grand dommage, & que ce Ieune-homme-là
auroit fait quelque choſe dans la Pratique, dans
les Finances, ou dans quelque maiſon de qualité : tant la deſtinée de la Peinture eſt miſerable
dans ces derniers Siecles. Par les Lettres ce n'eſt
pas tant les Langues Grecques & Latines que
l'on entend, comme la lecture des bons Autheurs, & l'intelligence des choſes qui y ſont
traitées: de ſorte que la pluſpart des bons Livres
eſtant traduits, il n'y a pas un Peintre qui ne
puiſſe pretendre en quelque façon aux belles
Lettres.

Les Livres, à mon avis, les plus utiles à ceux
de la Profeſſion, ſont

La Biblè.

L'Hiſtoire des Iuifs de Ioſephe.

L'Hiſtoire Romaine de Coeffeteau, & celle
de Tite Live de la Traduction de Vigenere,
avec des Remarques qui ſont tres-curieu-
ſes & tres-utiles. Il y en a deux Volumes.

Homere, que Pline appelle la ſource des Inventions & des belles Penſées.

L'Hiſtoire Eccleſiaſtique de Godeau, ou
l'Abregé de Baronius.

Les Metamorphoſes d'Ovide traduites par
du Rier.

Les

Les Tableaux de Philoſtrate.

Plutarque, des Hommes Illuſtres.

Pauſanias : mais je doute que cét Autheur
ſoit traduit en François. Il eſt merveilleux
pour donner de belles Idées, & principalement pour les derrieres des Tableaux &
pour l'accompagnement des Figures. Cét
Autheur avec Homere feroient un mélange des plus agreables, & des plus ac-
complis.

La Religion des Anciens Romains, par du
Choul.

La Colonne Trajane, avec le Diſcours qui en
explique les Figures, & qui inſtruit des choſes que le Peintre doit indiſpenſablement
ſçavoir. C'eſt un des principaux & des plus
ſçavans Livres que nous ayons pour les
Modes, les Coûtumes, les Armes, & la
Religion des Romains. Iules Romain a
fait ſes principales eſtudes ſur le marbre
meſme.

Les Livres de Medailles.

Les Bas-reliefs de Perrier, & autres, avec
leur explication qui eſt au bas, & qui en
donne toute l'intelligence.

L'Art Poëtique d'Horace, à cauſe du rapport
que les Preceptes de la Poëſie ont avec
ceux de la Peinture.

Et d'autres ſemblables, qui par leur lecture
échauffent l'Imagination.

Certains Romans ſont encore bien capables
d'entretenir le Genie, & de le fortifier par
les belles Idées qu'ils donnent des choſes :
mais ils ſont un peu dangereux, à cauſe
que l'Hiſtoire y eſt preſque toûjours corrompuë.   F

Il y en a d'autres dont le Peintre se servira lors seulement qu'il en aura besoin dans les rencontres & dans les occasions particulieres ; Tels sont

La Mythologie des Dieux.
Les Images des Dieux.
L'Iconologie.
Les Fables d'Hyginus.
La Perspective Pratique.
Et autres.

Il faut donc que ceux qui voudront se rendre celebres dans la Peinture, lisent par intervalle & avec grand soin ces Livres, qu'ils en remarquent ce qu'ils trouveront à propos, & ce qu'ils croiront leur pouvoir servir, qu'ils s'exercent l'Imagination, & qu'ils fassent des esquisses & des legers crayons des Images que la lecture leur aura formées. *La Peinture est comme un feu qui s'entretient par la matiere, qui s'enflâme par le mouvement, & qui s'augmente à mesure qu'il brusle : car la force du Genie ne croist que par l'abondance des choses, & il est impossible de faire un Ouvrage grand & magnifique, si la matiere manque, & si elle n'y est disposée.* Vn Peintre donc qui a du Genie a beau resver & prendre tous les soins imaginables pour faire une belle composition, s'il n'est aydé des estudes dont je viens de parler, tout ce qu'il pourra faire, sera de beaucoup fatiguer son Imagination, & de luy faire voir bien du pays, sans s'arrester à rien qui le puisse satisfaire.

Tous les Livres que je viens de nommer, peuvent servir à toutes sortes de personnes, aussi bien qu'aux Peintres ; & ceux qui leur estoient particuliers, ont esté mal-heureusement consu-

Author Dial. de caus. corr. eloq. c. 36.

mez par les Siecles où l'Impreſſion n'eſtoit pas
encore en uſage , & où les Copiſtes ont vray-
ſemblablement negligé de les tranſcrire par ignorance , ne ſe ſentans pas capables d'en faire les
Figures demonſtratives. Cependant il paroiſt
dans les Auteurs que nous en perdons au moins
cinquante Volumes. Voyez Pline dans ſon 35. l.
& Franc. Iunius dans le 3. ch. du 2. l. de la Peinture des Anciens. Pluſieurs Modernes en ont
écrit avec aſſez peu de ſuccés , faiſans de grands
circuits ſans venir droit au but , & diſans beaucoup de choſes , pour ne rien dire. Quelques-
uns neantmoins s'en ſont acquittez aſſez heureuſement , entr'autres Leonard de Vinci (quoy
que ſans beaucoup d'ordre); Paul Lomaſſe, dont
le Livre eſt bon pour la plus grande partie , mais
dont le diſcours eſt un peu trop diffus & trop en-
nuyant ; Iean Baptiſte Armenini, Franciſcus Iunius , Monſieur de Chambray , dont je vous in-
vite de lire au moins la Preface : Il ne faut pas
icy oublier ce que Monſieur Felibien a écrit ſur
le Tableau d'Alexandre de la main de Monſieur
le Brun ; outre que cét Ecrit eſt fort eloquent,
les fondemens qu'il établit pour faire un beau
Tableau ſont tres-ſolides.

  Voila à peu prés la Bibliotheque d'un Peintre, & les Livres qu'il doit lire ou ſe faire lire,
à moins qu'il ne veulle ſe contenter de poſſeder
la Peinture comme le plus ſale de tous les Mé-
tiers , & non comme le plus noble de tous les
Arts.

  78. [*Il eſt fort à propos en cherchant , &c.*]
Voicy le plus important Precepte de tous ceux
de la Peinture. Il appartient proprement au
Peintre ſeul , & tous les autres ſont empruntez,

ou des Lettres, ou de la Medecine, ou des Ma-
thematiques, ou enfin des autres Arts : car il fuffit d'avoir de l'efprit & des Lettres, pour faire
une tres-belle Invention : Pour deffeigner, il
faut de l'Anatomie.; un Mathematicien mettra
fort bien les bâtimens & autres chofes en Perfpective, & les autres Arts apporteront de leur
cofté ce qui eft neceffaire pour la matiere d'un
beau Tableau : Mais pour l'œconomie du Tout-
enfemble, il n'y a que le Peintre feul qui l'en-
tende ; parce que la fin du Peintre eft de tromper agreablement les yeux : ce qu'il ne fera jamais, fi cette Partie luy manque. Vn Tableau
peut faire un mauvais effet, lequel fera d'une
fçavante Invention, d'un Deffein correct, &
qui aura les Couleurs les plus belles & les plus
fines : Et au contraire, on en peut voir d'autres
mal Inventez, mal Deffeignez, & peints de Couleurs les plus communes, qui feront un tres-bon
effet, & qui tromperont beaucoup davantage.
In Oecono- | *Rien ne plaift tant à l'homme que l'Ordre* (dit
mico. | Xenophon.) Et Horace dans fon Art :

   Singula quæque locum teneant fortita decenter.

   Ce Precepte eft proprement l'ufage & l'application de tous les autres : c'eft pourquoy il
demande beaucoup de Iugement. Il faut donc
tellement prevoir les chofes, que voftre Tableau foit peint dans voftre tefte devant que de
l'eftre fur la toile. *Quand Menandre* (dit un
Comm. vetus. | Autheur celebre) *avoit difposé les Scenes de fa
Comedie, il la tenoit faite, quoy qu'il n'en euft
pas commencé le premier Vers.* Il eft certain que
ceux qui ont cette prevoyance, travaillent avec
un plaifir & une facilité incroyables ; & les autres au contraire ne font que changer & rechan-

ger leur Ouvrage , qui ne leur laiſſe au bout du
conte que du chagrin. Il me ſemble que ces ſortes de Tableaux font parfaitement reſſouvenir
de ces vieux Châteaux Gottiques faits à pluſieurs repriſes , & qui ne tiennent enſemble que
par lambeaux differens.

On peut inferer de ce que je viens de dire,
que l'Invention & la Diſpoſition ſont deux Parties differentes. En effet, quoy que la derniere
dépende de l'autre , & qu'elle y ſoit communé-
ment compriſe , il faut cependant bien ſe garder
de les confondre: L'Invention trouve ſimple-
ment les choſes , & en fait un choix convenable
à l'Hiſtoire que l'on traite ; & la Diſpoſition les
diſtribuë chacune à ſa place quand elles ſont inventées, & accommode les Figures & les Grouppes en particulier , & le Tout-enſemble du Tableau en general; en ſorte que cette Oeconomie
produit le meſme effet pour les yeux , qu'un
Conſert de Muſique pour les oreilles.

Il y a une choſe de tres-grande conſequence
à obſerver dans l'Oeconomie de tout l'Ouvrage, c'eſt que d'abord l'on reconnoiſſe la qualité
du Sujet , & que le Tableau du premier coup
d'œil,en inſpire la Paſſion principale: par exemple, ſi le Sujet que vous avez entrepris de traiter,
eſt de joye , il faut que tout ce qui entrera dans
voſtre Tableau contribuë à cette Paſſion , en
ſorte que ceux qui le verront en ſoient auſſi-toſt
touchez. Si c'eſt un Sujet lugubre,tout y reſſen-
tira la triſteſſe ; & ainſi des autres Paſſions &
qualitez des Sujets.

81. [*Que vos Compoſitions ſoient conformes*
au , &c.] Il faut prendre garde que les licences
des Peintres ſoient plûtoſt pour orner l'Hiſtoire

F iij

que pour la corrompre. *Et si Horace permes aux Peintres & aux Poëtes de tout oser*, ce n'est pas pour faire des choses hors de la vraye-femblance : car il adjoûte aussi-tost : *Mais que cela n'aille pas jusqu'à mesler la douceur avec la rudeße ; l'humanité avec la rigueur, à faire produire des serpens aux oiseaux, & à mesler les Agneaux parmi les Tygres.* Les pensées d'un homme qui a l'esprit sain ne sentent pas les rêveries & les songes, il n'y a que les malades capables d'en faire. Traitez donc les Sujets de vos Tableaux avec toute la fidelité possible ; & vous servez hardiment de vos Licences, pourveu qu'elles soient ingenieuses, & non pas immoderées & extravagantes.

¶　83. [*Donnez-vous de garde que ce qui ne fait rien au Sujet, &c.*] Rien n'affadit tant la composition d'un Tableau que les Figures qui ne font rien au Sujet : on les peut appeller fort plaisamment des Figures à loüer.

¶　87. [*Cette Partie si rare, &c.*] C'est à dire l'Invention.

¶　89. [*Que déroba Promethée.*] Les Poëtes feignent que Promethée forma avec de la boüe une Statue si belle, que Minerve l'ayant un jour long-temps admirée, dit à l'Ouvrier, Que s'il croyoit qu'il y eust quelque chose dans les Cieux qui pût rendre sa Statuë plus parfaite, qu'il pouvoit le demander : Mais luy ne sçachant ce qu'il y avoit de plus beau dans ce Sejour des Dieux, demanda à y estre transporté, pour en faire le choix. La Déesse l'y enleva dans son Bouclier ; & si-tost qu'il eut veu, que toutes les choses celestes estoient animées par un Feu, il en déroba une parcelle qu'il apporta en terre ; &

l'appliquant fur l'eftomac de fa Statuë, il en rendit tout le corps animé.

92. [*Il n'eft pas permis à tout le monde d'aller à Corinthe.*] C'eft un ancien Proverbe, pour dire, Tout le monde n'a pas le Genie, ny la difpofition qu'il faut pour les Sciences, ny la capacité pour les chofes grandes & difficiles. Corinthe eftoit autre-fois le centre de toutes les Difciplines, & le lieu où l'on envoyoit tous ceux que l'on vouloit rendre capables de quelque chofe: Ciceron l'appelle , *La Lumiere de toute la* Pro lege Man. *Grece.*

95. [*Elle arriva à tel point de perfection.*] Ce fut du temps d'Alexandre le Grand, & cela dura jufqu'à Augufte, fous le Regne duquel la Peinture commença beaucoup à déchoir : Mais fous les Empereurs Domitien , Nerva, & Trajan , elle parut dans fon premier luftre , lequel dura jufqu'au temps de l'Empereur Phocas , où les vices l'emportant par deffus les Arts, & la guerre s'eftant allumée par toute l'Europe, & fpecialement dans la Lombardie par l'irruption des Huns, la Peinture fut entierement éteinte. Et fi quelqu'un dans les Siecles fuivans s'eft efforcé de la faire revivre, ç'a efté pluftoft en recherchant les Couleurs les plus brillantes & les plus precieufes , que par la fimplicité harmonieufe de ces Illuftres Peintres qui les avoient precedez. Enfin dans le quatorziéme Siecle il s'en trouva qui commencerent à la mettre fur pied ; & on peut dire que fur la fin du quinziéme & au commencement du feiziéme elle parut avec beaucoup d'éclat par un grand nombre d'Habiles Gens de tous les endroits de l'Italie, qui la poffedoient parfaitement. Depuis ce

Siecle ſi heureux & ſi fecond pour les beaux
Arts, nous avons encore eu des Peintres ſçavans,
mais en tres-petit nombre, à cauſe du peu d'inclination que les Souverains ont eu pour la Peinture : Mais grace au Zele de noſtre Grand Monarque, & aux ſoins de ſon Premier Miniſtre,
nous l'allons revoir plus floriſſante que jamais.

¶　102. [*Quoy qu'on ne s'en ſoit pas ſi fort éloi-*
gné.] Il entend parler de Michelange & des autres habiles Sculpteurs de ce temps-là.

¶　103. [*C'eſt donc dans leur Gouſt, qu'on choiſi-*
ra une Attitude.] Voicy la ſeconde Partie de la
Peinture, qu'on appelle Deſſein. Comme les
Anciens ont recherché autant qu'il ſe peut, tout
ce qui contribuë à former un beau Corps, auſſi
ont-ils diligemment examiné ce qui fait à la
Beauté des belles Attitudes, comme leurs Ouvrages nous le témoignent.

¶　104. [*Dont les Membres ſoient Grands.*]
Non pas en ſorte qu'ils excedent la juſte proportion : mais c'eſt à dire, qne dans une belle
Attitude les Membres du Corps les plus grands
doivent plûtoſt paroiſtre, que les petits : c'eſt
pourquoy dans un autre endroit, il défend autant que l'on pourra les Racourcis, parce qu'ils
font paroiſtre les Membres petits, quoy que
d'eux-meſmes ils ſoient grands.

¶　104. [*Amples,*] pour eviter la Maniere
ſeiche & maigre, comme eſt ordinairement le
Naturel, & comme l'ont imitée Lucas & Albert.

¶　105. [*Inégaux dans leur Poſition, en ſorte*
que ceux de devant contraſtent les autres qui
vont en arriere, & ſoient tous également balan-
cez ſur leur centre.] Les mouvemens ne ſont
jamais naturels, ſi les Membres ne ſont égale-

ment balancez fur leur centre ; & ces Membres ne peuvent eftre balancez fur leur centre dans une égalité de poids , qu'ils ne fe contraftent les uns les autres. Vn homme qui danfe fur la corde, fait voir fort clairement cette verité. Le Corps eft un poids balancé fur fes pieds , comme fur deux pivots ; & s'il n'y en a qu'un qui porte, comme il arrive le plus fouvent , vous voyez que tout le poids eft retiré deffus centralement, en forte que fi par exemple le bras avance , il faut de neceffité , ou que l'autre bras , ou que la jambe aille en arriere , ou que le Corps foit tant foit peu courbé du cofté contraire , pour eftre dans fon Equilibre & dans une fituation hors de contrainte. Il fe peut faire , mais rarement , fi ce n'eft dans les Vieillards , que les deux pieds portent également ; & pour lors , il n'y a qu'à diftribuër la moitié du poids fur chaque pied. Vous uferez de la mefme prudence , fi l'un des pieds portoit les trois quarts du fardeau , & que l'autre portaft le refte. Voila en general ce qu'on peut dire de la Balance & de la Ponderation du Corps : du particulier, il y a quantité de chofes tres-belles & tres-remarquables à dire ; & vous pourrez vous en fatisfaire dans Leonard de Vincy ; il a fait merveille là-deffus, & l'on peut dire, que la Ponderation eft la plus belle & la plus faine partie de fon Livre fur la Peinture. Elle commence au c l x x x i. Chapitre , & fi-nit au c c l x x i i i. Ie vous confeille de voir en-core Paul Lomaffe dans fon 6. l. chap. i i i i. *Del moto del Corpo humano* , vous y trouverez des chofes tres-utiles. Pour ce qui eft du Con-trafte, je vous diray en general , que rien ne don-ne davantage la grace & la vie aux Figures.

Voyez le x i i i. Precepte & ce que je dis deſſus
dans les Remarques.

107. [*Les Parties doivent avoir leurs Con-*
tours en Ondes , & reſſembler en cela à la flâme
ou au ſerpent.] La raiſon de cela vient de l'a-
ction des muſcles , qui ſont comme les ſceaux du
puits , quand il y en a un qui agit & qui tire , il
faut que l'autre obeïſſe , de ſorte que les muſcles
qui agiſſent ſe retirant toûjours vers leur principe , & ceux qui obeïſſent s'alongeans du coſté
de leur inſertion , il s'enſuivra neceſſairement
que les Parties ſeront deſſeignées en ondes. Mais
prenez garde qu'en donnant cette forme aux
Membres , vous ne briſiez les os qui les ſoûtien-
nent & qui les doivent faire paroiſtre toûjours
fermes. Cette Maxime n'eſt pas ſi generale,
qu'il ne ſe trouve des actions où les Maſſes des
muſcles ſe rencontrent vis à vis l'une de l'autre;
mais cela n'eſt pas ſi ordinaire. Les Contours
qui ſont en ondes donnent non ſeulement de la
grace aux Parties , mais auſſi à tout le Corps,
lors qu'il n'eſt ſouſtenu que deſſus une jambe,
comme nous le voyons dans les Figures d'Anti-
noüs , de Meleagre , de la Venus de Medicis, de
celle du Vatican , & de deux autres de Borgheze,
de la Flore , de la Déeſſe Veſta , des deux Bacchus de Borgheze , & de celuy de Lodoviſe , &
enfin de la plus grande partie des Figures Antiques qui ſont debout , & qui poſent davantage
ſur un pied que ſur l'autre. Outre que les Figures
& leurs Membres doivent preſque toûjours
avoir naturellement une forme flamboyante &
ſerpentive , ces ſortes de Contours ont un je ne
ſçay quoy de vif & de remuant , qui tient beaucoup de l'activité du feu & du ſerpent.

112. [*Selon la connoissance qu'en donne l'A-natomie.*] Cette Partie n'est guere connuë aujourd'huy parmi nos Peintres ; j'en ay fait voir l'utilité & la necessité dans la Preface d'un petit Abregé que j'en ay fait, & que Monsieur Torrebat a mis en lumiere. Ie sçay qu'il y en a qui se font un môstre de cette Science, & qui la croyent inutile , ou parce qu'ils ont l'esprit fort petit, ou parce qu'ils n'ont jamais fait de reflexion sur le besoin qu'ils en ont , & sur son importance, se contentans d'une routine à quoy ils sont accoûtumez : mais de quelque maniere que ce soit , il est certain que quiconque est capable d'avoir cette pensée, ne sera jamais capable d'estre un grand Desseignateur.

113. [*Desseignez à la Grecque.*] C'est à dire, selon les Statuës Antiques, qui pour la pluspart viennent de la Grece.

114. [*Accord des Parties avec leur Tout ,*] & *estre bien ensemble* , c'est la mesme chose. Il entend icy parler de la justesse des Proportions & de l'harmonie qu'elles font les unes avec les autres. Plusieurs Autheurs celebres en ont traité à fond , entr'autres Paul Lomasse , dont le premier Livre ne traite d'aucune autre chose, mais il y a tant de subdivisions, qu'il faut avoir bonne teste pour ne s'en pas rebuter. Voicy celles que nostre Autheur a remarquées en general sur les plus bellles Antiques : je les croy d'autant meilleures , qu'elles sont conformes à celles que donne Vitruve dans son 3. liv. chap. 1. & qu'il dit avoir apprises des Ouvriers mesmes, puisque dans la Preface de son 7. liv. il fait gloire d'avoir appris des autres , & notamment des Peintres & des Architectes.

Mesures du Corps Humain.

Les Anciens ont donné huit testes à leurs Figures pour l'ordinaire, quoy que quelques-unes n'en ayent que sept. Mais l'on divise la Figure ordinairement en † dix faces, sçavoir depuis le sommet de la Teste jusqu'à la plante des Pieds, en la maniere qui s'ensuit.

Depuis le sommet de la Teste jusqu'au front, est la troisiéme partie de la face.

† Cela dépend de l'age & de la qualité des personnes: L'Apollon & la Venus de Medicis ont plus de dix faces.

La face commence à la naissance des plus bas cheveux qui sont sur le front, & finit au bas du menton.

La face se divise en trois parties égales: la premiere contient le front: la seconde le nez: & la troisiéme la bouche & le menton.

Depuis le menton à la fossette d'entre les clavicules, deux longueurs de nez.

De la fossette d'entre les clavicules au bas des mammelles, une face.

† L'Apollon a un nez de plus.

† Du bas des mammelles au nombril, une face.

* L'Apollon a un demi nez de plus. Et la moitié du Corps de la Venus de Med. est au pezignon, & non pas aux genitoires. Albert en use ainsi pour toutes les femmes, & je croy qu'il est mieux.

* Du nombril aux genitoires, une face.

Des genitoires au dessus du genoüil, deux faces.

Le genoüil contient une demie face.

Du bas du genoüil au coude-pied, deux faces.

Du coude-pied au dessous de la plante, demie face.

L'homme étendant les bras, est du plus long doigt de la main droite à celuy de la main gauche, aussi large qu'il est long.

D'un costé des mammelles à l'autre, deux faces.

L'os du bras, dit *Humerus*, est long de deux

faces depuis l'épaule au bout du coude.

De l'extremité du coude à la premiere naiſſance du petit doigt, l'os appellé *Cubitus*, avec
partie de la main, contient deux faces.

De l'emboëture de l'Omoplate à la foſſette
d'entre les clavicules, une face.

Si vous voulez trouver voſtre compte aux
meſures de la largeur, depuis l'extremité d'un
doigt à l'autre, en ſorte que cette largeur ſoit
égale à la longueur du Corps, il faut remarquer
que les emboëtures du coude avec l'Humerus,
& de l'Humerus avec l'Omoplate, emportent
une demie face lors que les bras ſont étendus.

Le deſſous du pied eſt la ſixiéme partie de la
Figure.

La main eſt la longueur d'une face.

Le poulce contient un nez.

Le dedans du bras, depuis l'endroit où ſe pert
le muſcle qui fait la mammelle appellé Pecto-
ral, juſqu'au milieu du bras, quatre nez.

Depuis le milieu du bras juſqu'à la naiſſance
de la main, cinq nez.

Le plus long doigt du pied à un nez de long.

Les deux bouts des tetins & la foſſette d'entre
les clavicules de la femme, font un triangle
parfait.

Pour les largeurs des Membres, on ne peut
pas en donner des meſures bien preciſes; parce
qu'on les change ſelon la qualité des perſonnes
& ſelon le mouvement des muſcles.

Si vous voulez ſçavoir plus en détail les Proportions, voyez-les dans Paul Lomaſſe, il eſt
bon de les lire au moins une fois, & d'en faire
des Remarques chacun ſelon ſa mode & ſou
beſoin.

¶ 117. [*Quoy que la Perspective ne puisse pas estre appellée une Regle certaine , &c.*] C'est à dire, purement d'elle-mesme, sans la prudence & sans la discretion. La pluspart de ceux qui la sçavent, en voulant la pratiquer trop reguliere-ment, font bien souvent des choses qui cho-quent la veuë, quoy qu'elles soient dans les Re-gles. Si tous ces grands Peintres, qui nous ont laissé de si beaux Plat-fonds, l'avoient observée dans leurs Figures selon toute la rigueur, ils n'y auroient pas tout-à-fait trouvé leur compte ; ils auroient, si vous voulez, fait les choses plus re-gulieres : mais fort desagreables. Il y a grande apparence que les Architectes & les Sculpteurs du temps passé ne s'en sont pas toûjours bien trouvez, & n'ont pas suivi le Geometral aussi exactement que la Perspective l'ordonne : car celuy qui voudroit imiter le Frontispice de la Rotonde selon la Perspective , se tromperoit lourdement ; puisque les colomnes qui sont aux extremitez , ont plus de diametre que celles du milieu. La Corniche du Palais Farnese, qui fait un si bel effet d'en bas , de prés n'a point ses ju-stes mesures. Dans la Colomne Trajane nous voyons que les Figures les plus élevées sont plus grandes que celles d'en bas , & font un effet tout contraire à la Perspective , puis qu'elles augmentent à mesure qu'elles s'éloignent. Ie sçay qu'il y a une Regle , qui donne le moyen de les faire de la sorte ; & quoy qu'elle soit dans quelques Livres de Perspective , elle n'est pas pour cela Regle de Perspective ; puis qu'on ne s'en sert que lors seulement qu'on le juge à pro-pos : car si par exemple les Figures qui sont au haut de la Colomne Trajane , n'estoient que de

la mesme grandeur de celles qui sont au bas, elles ne seroient pas pour cela contre la Perspective; & ainsi l'on peut dire avec plus de raison,
que c'est une Regle de Bienseance dans la Perspective, pour soulager la veuë & pour luy rendre les objets plus agreables. C'est sur ce fondement general que l'on peut établir (pour ainsi
dire) dans la Perspective des Regles de Bienseance, quand l'occasion s'en rencontre. On en
voit encore un exemple dans la Base de l'Hercule de Farnese, lequel n'est point à niveau, mais
en pente douce sur le devant, pour ne point ca-
cher aux yeux les pieds de la Figure, afin qu'elle
en paroisse plus agreable. Ce que les Illustres
Autheurs de ces belles choses ont fait, non pas
en mépris de la Geometrie & de la Perspective,
mais pour la satisfaction des yeux, qui estoit la
fin qu'ils se sont toûjours proposée dans leurs
Ouvrages. Il faut donc sçavoir la Perspective
comme une chose absolument necessaire, &
dont un Peintre ne peut se passer, sans pourtant
s'assujettir si fort à elle, que l'on en devienne esclave; Il la faut suivre quand elle nous conduit
par un chemin plaisant, & qu'elle nous fait
voir des choses agreables : mais l'abandonner
pour quelque temps, si elle s'avisoit de nous me-
ner par des bouës & par des precipices. *Cherchez ce qui aide vostre Art & luy convient;
fuyez tout ce qui luy repugne*, comme vous
dit le L I x. Precepte.

§ 126. [*Que chaque Membre, &c.*] C'est à
dire, qu'il ne faut pas mettre la teste d'un Ieune-
homme sur le corps d'un Vieillard, ny une main
blanche sur un corps hâlé; qu'il ne faut point
habiller un Hercule de taffetas, ny un Apollon

de groſſe étoffe ; Que les Reynes , les perſonnes de grande qualité que vous voulez rendre
majeſtueuſes , ne ſoient pas veſtuës trop à la legere , non plus que les vieilles gens , & que les
Nymphes ne ſoient pas chargées de Draperies;
enfin que tout ce qui accompagnera vos Figures , les faſſe reconnoiſtre pour ce quelles ſont
effectivement.

¶   128. [*Que les Figures à qui on n'a pû donner
la voix , imitent les muets dans leurs actions.*]
Les muets n'ayans pas d'autre maniere de parler
que leurs geſtes & leurs actions , il eſt certain
qu'ils les font d'une façon plus expreſſive que
ceux qui ont l'uſage de la parole. La Peinture
qui eſt muette les imitera donc , pour ſe bien
faire entendre.

¶   129. [*Que la Principale Figure du Sujet, &c.*]
L'un des plus grands vices que puiſſe avoir un
Tableau , eſt de ne pas donner à connoiſtre de
prime-abord le Sujet qu'il repreſente : & dans
la verité rien n'embroüille davantage , que d'en
éteindre la Figure Principale , par l'oppoſition
de quelques autres , qui ſe preſentent d'a-
bord à la veuë , & qui brillent beaucoup
plus. Vn Orateur qui auroit entrepris de faire un diſcours ſur les loüanges d'Alexandre ,
& qui employeroit les plus belles Figures
de la Rhetorique pour loüer Bucephale , ne
feroit rien moins que ce qu'il ſe feroit propoſé;
puis qu'on croiroit par-là qu'il auroit plûtoſt
voulu faire le Panegyrique du cheval d'Alexandre , que d'Alexandre meſme. Vn Peintre eſt
comme un Orateur , il faut qu'il diſpoſe les choſes en ſorte que tout cede à ſon principal Sujet:
& ſi les autres Figures qui ne font que l'accompagner,

pagner, & qui n'y sont qu'accessoires, occupent la principale place , & qu'elles se fassent les plus remarquer , ou par la beauté de leurs Couleurs ou par l'éclat de la Lumiere dont elles sont frappées , elles arresteront tout court la veuë , & ne luy permettront pas d'aller plus loin , qu'apres beaucoup de temps , pour chercher enfin ce qu'elle n'a pas trouvé d'abord. La Figure Principale dans un Tableau, est comme un Roy parmi ses Courtisans , que l'on doit reconnoistre au premier coup d'œil , & qui doit ternir l'éclat de tous ceux qui l'accompagnent. Les Peintres qui en usent autrement , qui la mettent dans l'ombre , ou qui l'enfoncent trop avant dans le Tableau, font justement comme ceux qui en racontant une Histoire , s'engagent imprudemment dans une digression si longue , qu'ils sont contraints de finir par-là , & de conclure par toute autre chose que par leur Sujet.

132. [*Que les Membres soient agrouppez de même que les Figures , c'est à dire , &c.*] Ie ne sçaurois vous mieux comparer une Grouppe de Figures , qu'à un Concert de Voix , lesquelles toutes ensemble se soûtenans par leurs differentes Parties , font un Accord qui remplit & qui flatte agreablement l'oreille : mais si vous venez à les separer , & qu'elles se fassent entendre aussi haut l'une que l'autre , elles vous étourdiront tellement, que vous croirez avoir les oreilles déchirées. Il en est de même des Figures : si vous les assemblez en sorte que les unes soûtiennent & servent à faire paroistre les autres , & que toutes ensemble s'accordent & ne fassent qu'un Tout , vos yeux seront pleinement satisfaits; que si au contraire vous les separez , vos yeux souf-

G

friront pour les voir toutes enſemble diſperſées, ou chacune en particulier; toutes enſemble, parce que les rayons viſuels ſont multipliez
par la multiplicité des Objets; chacune en particulier, parce que ſi vous en voulez regarder une,
toutes celles qui ſont autour fraperont & attire-
ront voſtre veuë, qui peine extremement dans
cette ſorte de ſeparation & de diverſité d'Objets. L'œil par exemple eſt ſatisfait à la veuë d'un
raiſin, & ſe trouve fort embaraſſé, s'il ſe veut
porter tout d'un coup ſur tous les grains enſemble, qui en ſeront détachez ſur une table. Il faut
avoir le meſme égard pour les Membres : ils ſe
grouppent & ſe contraſtent de meſme que les Figures. Peu de Peintres ont bien pris garde à ce
Precepte, qui eſt un fondement tres-ſolide pour
l'harmonie du Tableau.

§　　137. [*Il ne faut pas que dans les Grouppes, les
Figures ſe reſſemblent dans leurs mouvemens,
&c.*] Prenez garde dans ce Contraſte de ne rien
faire d'extravagant, & que vos Attitudes ſoient
toûjours naturelles. Les Draperies, & tout ce
qui accompagne les Figures, peuvent entrer dans
le Contraſte avec les Membres, & avec les Figures meſme. Et c'eſt ce qu'entend le Poëte par
(*cætera frangant.*)

§　　145. [*Que l'un des coſtez du Tableau, &c.*]
Cette eſpece de Symetrie, quand elle ne paroiſt
point affectée, remplit agreablement le Tableau, le tient comme dans l'équilibre, & plaiſt
infiniment aux yeux, qui en embraſſent l'ouvrage avec plus de repos.

§　　152.] *De meſme que la Comedie, &c.*] Annibal Carache ne croyoit pas qu'un Tableau
puſt eſtre bien, dans lequel on faiſoit entrer

plus de douze Figures : c'eft l'Albane qui l'a dit
à noftre Autheur, de qui je l'ay appris ; & la
raifon qu'il en apportoit, eftoit premierement
qu'il ne croyoit pas qu'on deuft faire plus de
trois grands Grouppes de Figures dans un Tableau ; & fecondement que le Silence & la Majefté y eftoient neceffaires , pour le rendre beau:
ce qui ne fe peut ny l'un ny l'autre dans une mul-
titude & dans une foule de Figures. Que fi
neantmoins vous y eftes contraint par le Sujet,
comme feroit , un Iugement univerfel , un Maf-
facre des Innocens , une Bataille , &c. pour
lors il faudroit difpofer les chofes par grandes
Maffes de Clair-Obfcur & d'union de Couleurs,
fans s'amufer à finir chaque chofe en particulier
independamment l'une de l'autre , comme font
ceux qui ont un petit Genie , & dont l'efprit
n'eft pas capable d'embraffer un grand Deffein,
ny une grande Compofition.

Æmilium circa ludum Faber imus & ungues
Exprimet , & molles imitabitur ære capillos:
Infœlix Operis Summa , quia ponere totum
Nefciet.

L'un des moindres Sculpteurs (dit Horaçe) *qui*   Dans fon Art.
travaillent autour du Cirque Emilien , eft capa-
ble d'exprimer dans le Bronze les ongles & les
cheveux : lequel neantmoins ne fera pas affez
heureux pour bien terminer fon Ouvrage ; parce
qu'il n'a pas l'efprit de difpofer les Parties , ny
d'en faire un beau Tout.

§ 162. [*Que les extremitez des Iointures foient*
rarement cachées , & les Pieds jamais.] Ces extremitez des Iointures font les emmanchemens
des Membres ; Par exemple , les Epaules , les
Coudes , les Feffes , & les Genoüils. Et s'il fe

rencontre une Draperie fur ces Iointures, il eſt de la Science & de l'agrément de les marquer par les Plis, mais avec grande diſcretion. Pour ce qui eſt des Pieds, quoy qu'ils ſoient cachez par quelque Draperie, ſi neantmoins les Plis les marquent & en font voir la forme, ils ſeront ſen-ſez eſtre veus. Le mot de *Iamais* ne doit pas eſtre pris icy rigoureuſement : Il veut dire, *ſi ra-rement, qu'il ſemble qu'on doive éviter toutes les occaſions qui en diſpenſent.*

¶ 164. [*Les Figures qui ſont derriere les au-tres, &c.*] Raphaël & Iules R. ont parfaite-ment obſervé cette Maxime, & ſpecialement Raphaël dans ſes derniers Ouvrages.

¶ 169. [*Fuyez encore les Lignes & les Con-tours égaux, qui font des Paralleles, ou d'autres Figures aiguës & Geometrales, comme des, &c.*] Il entend parler principalement des Attitudes & des Membres agencez de ſorte, qu'ils faſſent en-ſemble les Figures Geometrales qu'il con-damne.

¶ 177. [*Ne ſoyez pas ſi fort attaché à la Na-ture, que, &c.*] Ce Precepte eſt contre deux ſortes de Peintres. Premierement contre ceux qui ſont tellement attachez à la Nature, qu'ils ne peuvent rien faire ſans elle, qui la copient comme ils la croyent voir, ſans y rien adjoûter ny en retrancher la moindre choſe, ſoit pour le Nud, ou pour les Draperies ; Et ſecondement contre ceux qui peignent toutes choſes de Prati-que, ſans pouvoir s'aſſujettir à rien retoucher ny examiner ſur le Naturel. Ces derniers ſont pro-prement des Libertins de Peinture, comme il y en a de Religion, leſquels n'ont pas d'autre Loy que l'impetuoſité de leurs inclinations, qu'ils ne veulent pas vaincre, de mesme que les Libertins de Peinture n'ont point d'autre Modele, que la boutade d'un Genie mal reglé, qui les emporte. Quoy que ces deux sortes de Peintres soient & l'un & l'autre dans des extremitez vitieuses, toutefois les premiers me semblent moins insupportables ; parce que s'ils n'imitent pas la Nature accompagnée de toutes ses beautez & de toutes ses graces, au moins imitent-ils une Nature qui nous est connuë & que nous voyons tous les jours : au lieu que les autres nous en font voir une toute sauvage, que nous ne connoissons point, & qui semble estre d'une creation toute nouvelle.

§ 180. [*Que vous devez toûjours avoir presente comme un témoin de la verité:*] Cét endroit me semble merveilleusement bien dit. Plus un Tableau approche de la verité, & plus il est beau: Et bien que le Peintre qui en est Autheur soit le premier Iuge de cette Beauté, il est neantmoins obligé de ne rien prononcer, qu'apres avoir écouté la Nature, qui est un témoin irreprochable, & qui luy dira ingenuement, mais veritablement les beautez & les deffauts, quand il voudra la comparer avec son Ouvrage.

§ 188. [*Et tout ce qui fait connoistre les Pensées & les Inventions des Grecs;*] comme les bons Livres, tels que sont Homere & Pausanias. Les Estampes que nous voyons des choses Antiques peuvent contribuer infiniment à nous former le Genie & à nous donner de belles Idées ; de mesme que les Ecrits des bons Autheurs sont capables de former un bon Style à ceux qui veulent bien écrire.

§ 193. [*Si vous n'avez qu'une Figure à trai-*

ter, il faut, &c.] La raiſon de cecy eſt, que rien n'attirant la veuë que cette ſeule Figure, les rayons viſuels ne ſeront pas trop partagez par la diverſité de ſes Couleurs & de ſes Drape-ries ; mais prenez ſeulement garde de n'y rien mettre de trop acre & de trop dur, & ſouvenez-vous du quarante-uniéme Precepte, qui dit, *Que jamais deux extremitez contraires ne ſe touchent, ſoit en Couleur, ſoit en Lumiere ; mais qu'il y ait un milieu participant de l'un & de l'autre.*

¶ 195. [*Que les Draperies ſoient jettées noble-ment, & que les Plis en ſoient amples ;*] com-me l'a pratiqué Raphaël depuis qu'il eut quitté la Maniere de Pietre Perugin, & principale-ment dans ſes derniers Ouvrages.

¶ 196. [*Et qu'ils ſuivent l'ordre des Parties,*] comme nous le montrent les plus belles Anti-ques : & prenez garde que les Plis non ſeule-ment ſuivent l'ordre des Parties, mais qu'ils marquent encore les Muſcles les plus conſidera-bles : parce que les Figures, dont on voit les Draperies & le Nud tout enſemble, ont bien plus de grace que les autres.

¶ 200. [*Sans y eſtre trop adherens & collez.*] Les Peintres ne doivent pas imiter les Antiques dans cette circonſtance. Les Anciens Sculpteurs ont fait leurs Draperies de linge moüillé, exprés pour les rendre collées & adherantes aux Parties de leurs Figures : en quoy ils ont eu tres-grande raiſon, & en quoy les Peintres auroient tort de les ſuivre ; & voicy pourquoy : Ces grands Ge-nies de l'Antiquité voyant qu'il eſtoit impoſſi-ble d'imiter avec le Marbre la qualité des Etof-fes, qui ne ſe reconnoiſt que par les Couleurs, les Reflets, mais plus encore par les Lumieres

& les Ombres ; fe voyant, dis-je, hors de pouvoir de difpofer de ces chofes, ont crû qu'ils ne
pouvoient mieux faire ny plus fagement, que de
fe fervir de Draperies, qui n'empéchaffent point
de voir au travers de leurs Plis la delicateffe de
la chair & la pureté des Contours, chofes à la
verité qu'ils poffedoient dans la derniere perfection, & qui apparamment avoient efté le fujet
de leur principale étude. Mais les Peintres au
contraire, qui doivent tromper la veuë tout autrement que les Sculpteurs, font obligez d'imiter les Etoffes differentes, telles que le Naturel
leur montre, & que les Couleurs, les Reflets,
les Lumieres, & les Ombres (dont ils font Maiftres) les peuvent faire. Auffi voyons-nous que
ceux qui ont imité de plus prés la Nature, fe font
fervis des Etoffes que nous avons accoûtumé de
voir, & les ont imitées avec tant d'art, qu'en
les voyant, nous fommes ravis qu'elles nous
trompent : Tels ont efté le Titien, Paul Veronefe, le Tintoret, Rubens, Vandeik, & les autres bons Coloriftes, qui ont de plus prés approché de la verité. Au lieu que les autres, qui fe
font entierement attachez à l'Antique pour les
Draperies, ont rendu leurs Ouvrages cruds &
arides, & ont trouvé par ce moyen le fecret de
faire leurs Figures beaucoup plus dures que le
marbre mefme : comme ont fait André Mantei-
gne & Pietre Perugin, duquel Raphaël a beaucoup tenu dans fes premiers Ouvrages, dans
lefquels nous voyons quantité de petits Plis re-
petez, qui femblent eftre autant de cordes. Il eft
vray que l'on voit ces repetitions dans les Antiques, mais fort à propos ; parce que voulant fe
fervir de linges moüillez & de Draperies col-

lées , pour faire paroiftre leurs Figures plus tendres , ils ont fort bien preveu que les membres
feroient trop nuds , s'ils n'y laiffoient que deux
ou trois Plis peu fenfibles , tels que les donnent
ces fortes de Draperies ; & ainfi ils ont ufé de re-
petition , en forte neantmoins que les Figures en
font toûjours tendres & doüillettes, & femblent
par-là contrarier la dureté du Marbre. Ioignez à
cela , qu'en Sculpture il eft prefque impoffible
qu'une Figure veftuë de groffes Draperies puiffe
faire un bel effet de tous les coftez , & qu'en
Peinture les Draperies , de quelle nature qu'elles foient , font d'une utilité merveilleufe, ou
pour lier les Couleurs & les Grouppes , ou pour
fe donner un Fond tel qu'on le fouhaite pour
unir ou pour détacher ; foit encore pour faire
naiftre des Reflets avantageux , ou pour remplir
les Vuides ; foit enfin pour mille autres utilitez,
qui aydent à tromper la veüe, & qui ne font au-
cunement neceffaires aux Sculpteurs , puifque
leur Ouvrage eft toûjours de relief.

L'on peut inferer trois chofes de ce que je
viens de dire fur le Precepte des Draperies. Premierement , Que les Anciens Sculpteurs ont eu
raifon de drapper leurs Figures de la maniere
que nous les voyons. 2. Que les Peintres les
doivent imiter pour l'ordre des Plis , mais non
pas pour la qualité ny pour le nombre. 3. Que
les Sculpteurs font obligez de les fuivre autant
qu'ils pourront , fans vouloir imiter inutilement
& mal à propos la Maniere des Peintres, & faire
des Plis grands , larges & épais , qui ne font que
des duretez infupportables , & qui reffemblent
plûtoft à un rocher , qu'à une veritable Etoffe.
Voyez la Remarque 211. fur le milieu.

202. [*Et si ces Parties se trouvent trop écar-*
tées l'une de l'autre, en sorte, &c.] C'est afin
d'empescher, comme il a esté dit dans le Precepte des Grouppes, que les rayons visuels ne se di-
visent trop, & que les yeux ne souffrent en
voyant tant d'objets separez. Le Guide a esté
fort exact dans cette observation. Voyez dans
le texte la fin de ce Precepte des Draperies,
Il sera bon quelque-fois, &c.

204. [*Et comme la beauté des Membres ne*
consiste pas dans, &c.] Raphaël dans ses commencemens a un peu trop multiplié les Plis; à
cause que s'estant avec raison laissé charmer de
la beauté des Antiques, il en imita les Draperies
un peu trop regulierement : mais s'estant en suite apperceu que cette quantité de Plis petilloit
trop sur les Membres, & ostoit ce repos & ce
silence qui en Peinture sont si fort amis des
yeux, il se servoit d'une autre conduite dans les
Ouvrages qu'il a faits depuis, qui estoit le temps
où il commmença à entendre l'effet des Lumieres, des Grouppes, & des Oppositions de Clair-
Obscur; de sorte qu'il changea tout à fait de
Maniere : (ce fut environ huit ans avant sa
mort) & quoy qu'il ait toûjours donné de la
grace à tout ce qu'il a peint, il a neantmoins fait
paroistre dans ses derniers Ouvrages une Grandeur, une Majesté, & une Harmonie toute autre que dans sa premiere Maniere; & cela, pour
avoir retranché du nombre de ses Plis, les avoir
faits plus amples, les avoir contrariez davantage, & pour avoir fait les Masses de Clair-Obscur plus grandes & plus débroüillées. Prenez
la peine d'examiner ces differentes Manieres
dans les Estampes que nous voyons de ce Grand
Homme.

§ 210. [*Comme des Magiſtrats, à qui vous donnerez des Draperies fort amples.*] Ne faites pas vos Draperies ſi amples, qu'il y en ait aſſez pour habiller quatre ou cinq Figures, comme il y en a qui font, & prenez garde que vos Plis ſoient naturels, & diſpoſez en ſorte que l'on puiſſe conduire ſans peine & developer des yeux toutes vos Draperies d'un bout à l'autre. Par les Magiſtrats il entend toutes les perſonnes graves & déja avancées en âge.

§ 211. [*Et aux Filles, de tendres & de legeres.*] Par ce nom de *Filles* il entend toutes les perſonnes jeunes, ſveltes & de taille degagée, legeres & delicates; comme font les Nimphes, les Naïades, & les Fontaines : les Anges meſme y ſont compris, dont les Draperies doivent eſtre de Couleur fort douce & fort approchantes des Couleurs que l'on voit dans le Ciel, principalement quand ils ſont en l'Air. Il n'y a que ces ſortes d'Etoffes legeres & maniables au gré du vent qui puiſſent ſouffrir quantité de Plis, en ſorte neantmoins qu'il n'y ait point de duretez.

Il n'y a perſonne qui ne juge bien qu'entre les Draperies des Magiſtrats, & celles des jeunes Filles, il ne faille tenir une mediocrité de Plis qui ſe rencontrent plus ordinairement ; comme dans les Draperies d'un Chriſt, d'une Vierge, d'un Roy, d'une Reyne, d'une Ducheſſe, & d'autres perſonnes de reſpect & de Majeſté : & celles auſſi qui ſont d'un âge mediocre, avec cette obſervation ; Qu'il faut faire les Etoffes plus ou moins riches, ſelon la dignité des perſonnes : & que l'on diſtingue la Laine d'avec la Soye, le Satin d'avec le Velours, le Brocard d'avec la Broderie, & qu'enfin l'œil ſoit trompé (pour ainſi dire) par la verité & la difference des Etoffes.

Remarquez, s'il vous plaiſt, Que les Drape-ries tendres & legeres n'eſtant données qu'auSe-xe feminin, les Anciens Sculpteurs ont évité au-tant qu'ils ont pû d'habiller les Figures d'Hom-mes ; parce qu'ils ont crû (comme nous avons déja dit) qu'en *Sculpture* on ne pouvoir imiter les Etoffes, & que les gros Plis faiſoient un mau-vais effet. Il y a quaſi autant d'exemples de cette verité, qu'il y a parmi les Antiques de Figures d'Hommes nuës. Ie rapporteray ſeulement ce-luy du *Laocoon*, lequel ſelon toute la vraye-ſemblance devroit eſtre veſtu ; & en effet quelle apparence y a-t'il qu'un Fils de Roy, qu'un Pre-ſtre d'Apollon ſe trouvaſt tout nud dans la Cere-monie actuelle du Sacrifice : car les Serpens paſ-ſerent de l'Iſle de *Tenedos* au rivage de *Troye*, & ſurprirent *Laocoon* & ſes Fils dans le temps meſme qu'il ſacrifioit à *Neptune* ſur le bord de la Mer, comme le témoigne *Virgile* dans le ſe-cond de ſon *Eneïde*. Cependant les Ouvriers, * qui ſont les Autheurs de ce bel Ouvrage, ont bien veu qu'ils ne pouvoient pas leur donner de veſtemens convenables à leur qualité, ſans fai-re comme un amas de pierres, dont la Maſſe reſſembleroit à un rocher, au lieu de trois admi-rables Figures, qui ont eſté & qui ſeront toû-jours l'admiration des Siecles. Et c'eſt pour cela que de deux inconveniens, ils ont jugé celuy des Draperies beaucoup plus fâcheux que celuy qüi eſt contre la verité meſme. Cette Obſervation établit fort bien ce que j'ay dit dans la Remar-que 200. Et il me ſemble qu'elle merite bien que vous y faſſiez un peu de reflexion : & pour

* Polidore
Athenodore &
Ageſandre
Rhodiens.

vous la confirmer, je vous feray souvenir que
Michelange suivant cette Maxime, a donné aux
Prophetes qu'il a peints dans la Chapelle du Pa-
pe, des Draperies dont les Plis sont amples &
de grosse Etoffe; au lieu que le Moïse qu'il a fait
de Sculpture, est vestu d'une Draperie beaucoup
plus attachée aux Parties, & qui tient tout à fait
de celles des Antiques. Cependant c'est un Pro-
phete, comme le sont ceux de la Chapelle, un
Homme de mesme qualité, & à qui Michelange devroit avoir donné les mesmes Draperies,
s'il n'en avoit esté empesché par les mesmes rai-
sons que nous en avons données.

¶   215. [*Les Marques des Vertus.*] C'est à
dire, des Sciences & des Arts. Les Italiens appellent *Virtuoso* un homme qui aime les beaux
Arts, & qui s'y connoist : & parmi nos Peintres le mot de Vertueux s'entend mesme assez
dans cette signification.

¶   217. [*Mais que l'Ouvrage ne soit pas trop
enrichi d'Or ny de Pierreries.*] Clement Ale-
xandrin rapporte, *Qu'Apelle ayant veu une He-
lene, qu'un Ieune-homme de ses Disciples avoit
faite, & avoit ornée de quantité d'Or & de Pierreries, luy dit: O mon Amy, ne l'ayant pû faire belle, tu n'as pas manqué de la faire bien riche.* Outre que les choses brillantes en Peinture, comme les Pierreries semées avec profusion
sur les habits, se nuisent les unes aux autres, parce qu'elles attirent la veuë en trop d'endroits en
mesme temps, & qu'elles empeschent les corps
ronds de tourner, & de bien faire leur effet, c'est
que la quantité fait ordinairement juger qu'elles sont fausses ; & il est à presumer que les choses precieuses sont toujours rares. Corinna cette

Lib. II. Pædag.
cap. 12.

Plutarque sur les Lettres & les Armes des Atheniens,

sçavante Thebaine reprochant un jour à Pinda-re (lequel elle avoit vaincu cinq fois en Poësie) qu'il répandoit trop indifferemment par tout dans ses Oeuvres les Fleurs du Parnasse, luy dit, *qu'on semoit avec la main, & non pas avec tout le sac.* C'est pourquoy le Peintre doit orner les Vestemens avec une grande prudence : Et les Pierreries font extremement bien, quand elles sont sur des endroits que l'on veut tirer hors de la Toile, comme sur une Epaule ou sur un Bras, pour lier quelque Draperie, qui d'elle-mesme ne sera pas de Couleur fort sensible : Elles font encore parfaitement bien avec le Blanc & les autres Couleurs legeres, que l'on veut tenir sur le devant ; parce que les Pierreries sont sensibles & petillantes par l'opposition du grand Clair & du grand Brun qui s'y rencontrent.

¶ 219. [*Il sera tres-expedient de faire un Mo-dele des choses dont le Naturel est difficile à te-nir, & dont nous ne pouvons pas disposer comme il nous plaist :*] Comme des Grouppes de plu-sieurs Figures, des Attitudes difficiles à tenir long-temps, des Figures en l'air, en Plat-fond, ou élevées beaucoup au dessus de la veuë, & des Animaux mesmes dont on ne dispose pas aisé-ment. Par ce Precepte l'on voit assez la necessité qu'a un Peintre de sçavoir Modeler, & d'avoir plusieurs Modeles de cire maniable. Paul Vero-nese en avoit un si bon nombre, avec une si grande quantité d'Etoffes differentes, qu'il en mettoit toute une Histoire ensemble sur un Plan degradé, pour grande & pour diversifiée qu'elle fust. Tintoret en usoit ainsi, & Michelange, au rapport de Iean Baptiste Armenini, s'en est ser-vi pour toutes les Figures de son Iugement. Ce

n'eſt pas que je conſeille à perſonne, quand on
voudra faire quelque choſe de bien conſidera-
ble, de finir d'apres ces ſortes de Modeles : mais
ils ſerviront beaucoup, & ſeront d'un grand
avantage pour voir les Maſſes des grandes Lumieres & des grandes Ombres, & l'effet du
Tout-enſemble. Du reſte vous devez avoir un
Manequin à peu prés grand comme Nature
pour chaque Figure en particulier, ſans man-
quer pour cela de voir le Naturel, & de l'appeller comme un témoin qui doit confirmer la choſe à vous premierement, puis aux Spectateurs,
comme elle eſt dans la verité. Vous pourrez vous
ſervir de ces Modeles avec plaiſir, ſi vous les
mettez ſur un Plan degradé à proportion des Figures, qui ſera comme une Table faite exprés,
que vous pourrez hauſſer & rabaiſſer ſelon voſtre commodité, & ſi vous regardez vos Figures
par un trou ambulatoire, qui ſervira de Point de
veüe & de Point de diſtance, quand vous l'aurez
une fois arreſté. Ce meſme trou vous ſervira encore pour voir vos Figures en Plat-fond & diſ-
poſées ſur une grille de fil de fer, ou ſoûtenües
en l'air par des petits filets élevez à diſcretion, ou
de l'une & l'autre maniere tout enſemble. Vous
joindrez à vos Figures tout ce qu'il vous plaira,
pourveu que le tout leur ſoit proportionné, &
qu'enfin vous vous imaginiez vous-meſme n'e-
ſtre que de leur grandeur : Ainſi l'on verra dans
tout ce que vous ferez plus de verité, voſtre
Ouvrage vous donnera un plaiſir incroyable, &
vous éviterez quantité de doutes & de difficultez qui arreſtent bien ſouvent, & principalement pour ce qui eſt de la Perſpective lineale
que vous y trouverez indubitablement : pour-

veu que vous vous souveniez de tout propor-
tionner à la grandeur de vos Figures , & specia-
lement les Points de veüe & de distance : mais
pour ce qui est de la Perspective aërée , ne s'y
trouvant pas , le Iugement y doit suppléer. * Le * Ridolfi dans sa Viz.
Tintoret avoit fait des Chambres d'ais & de car-
tons proportionnées à ses Modeles , avec des
portes & des fenestres , par où il distribuoit sur
ses Figures des Lumieres artificielles autant
qu'il jugeoit à propos ; & passoit assez souvent
une partie de la nuit à considerer & à remarquer l'effet de ses Compositions : Ses Modeles
estoient de deux pieds de haut.

221. [*Que l'on considere les Lieux où l'on
met la Scene du Tableau , &c.*] C'est ce que
Monsieur de Chambray appelle , Faire les choses selon le Costûme. Voyez ce qu'il en dit dans
l'explication de ce mot dans le Livre qu'il a fait
de la Perfection de la Peinture. Ce n'est pas assez que dans le Tableau il ne se trouve rien de
contraire au Lieu où l'Action que l'on represente s'est passée : il faut encore le faire reconnoistre par quelque industrie , & que l'esprit du
Spectateur ne travaille pas à découvrir , si c'est
l'Italie ou la Grece , la France ou l'Espagne ; si
c'est auprés d'un fleuve ou au bord de la mer ; si
c'est le Rhin , ou la Loire ; le Po , ou le Tibre ;
& ainsi des autres choses qui sont essentielles à
l'Histoire. *Nealce , Homme d'esprit & Peintre* Pl. 1. 35. 136
*ingenieux , ayant à peindre un Combat naval
entre les Perses & les Egyptiens , & voulant
faire voir que cette Bataille s'estoit donnée sur le
Nil , dont les Eaux sont de la couleur de celles
de la Mer , il fit un Asne qui beuuvoit au bord
du Fleuve , & un Crocodile qui tâchoit de le
surprendre,*

222. [*Et de la Grace.*] Il eſt aſſez difficile de dire ce que c'eſt que cette Grace de la Peinture: on la conçoit & on la ſent bien mieux qu'on ne la peut expliquer. Elle vient des Lumieres d'une excellente Nature, qui ne ſe peuvent acquerir, par leſquelles nous donnons un certain tour aux choſes qui les rendent agreables. Vne Figure ſera deſſeignée avec toutes ſes Proportions, & aura toutes ſes Parties regulieres, laquelle pour cela ne ſera pas agreable, ſi toutes ces Parties ne ſont miſes enſemble d'une certaine maniere qui attire les yeux, & qui les tienne comme immobiles. C'eſt pourquoy il y a difference entre la Beauté & la Grace, & il ſemble qu'Ovide les ait voulu diſtinguer, quand il a dit parlant de Venus, *Multaque cum Forma Gratia miſta fuit. Il y avoit beaucoup de Grace mélée avec la Beauté.* Et Suetone parlant de Neron dit, *Qu'il eſtoit beau pluſtoſt qu'agreable. Vultu pulchro magis quàm venuſto.* Et combien voyons-nous de perſonnes belles qui nous plaiſent beaucoup moins que d'autres qui n'ont pas de ſi beaux traits. C'eſt par cette Grace que Raphaël s'eſt rendu le plus celebre de tous les Italiens, de meſme qu'Apelle l'a eſté de tous les Grecs.

233. *C'eſt où conſiſte la plus grande difficulté,*] pour deux raiſons; & parce qu'il en faut faire une grande étude, tant ſur les belles Antiques & ſur les beaux Tableaux, que ſur la Nature ; & parce que cette Partie dépend preſque entierement du Genie, & ſemble eſtre purement un don du Ciel, que nous avons receu dés noſtre naiſſance: c'eſt pourquoy noſtre Autheur adjoûte : *Nous en voyons aſſurément bien peu qu'en cela Iupiter ait regardeƵ d'un œil favorable;*

ble ; aussi n'appartient-il qu'à ces Esprits, qui participent en quelque chose de la Divinité, d'operer de si grandes Merveilles.* Bien que ceux qui n'ont pas tout à fait receu du Ciel ce don precieux, ayent beaucoup de peine à se l'acquerir, neantmoins il est à mon avis necessaire que les uns & les autres apprennent parfaitement le Caractere de chaque Passion.

Toutes les actions de l'Appetit sensitif sont appellées Passions, d'autant que l'Ame est agitée par elles, & que le Corps y patit & s'y altere sensiblement : Ce sont ces diverses agitations & ces differens mouvemens de tout le Corps en general & de chacune de ses Parties en particulier, que nostre Excellent Peintre doit connoistre, dont il doit faire son estude & se former une parfaite Idée. Mais il sera à propos de sçavoir d'abord que les Philosophes en admettent onze; l'Amour, la Haine, le Desir, la Fuïte, la Joye, la Tristesse, l'Esperance, le Desespoir, la Hardiesse, la Crainte, & la Colere. Les Peintres les multiplient non seulement par leurs differens degrez, mais encore par leurs differentes especes : car ils feront par exemple six personnes dans le mesme degré de Crainte, qui exprimeront cette Passion tous differemment ; & c'est cette diversité d'especes qui fait faire la distinction des Peintres qui sont veritablement habiles, d'avec ceux qu'on appelle Manieristes, & qui repetent jusqu'à cinq ou six fois dans un mesme Tableau les mesmes Airs de teste. Il y a une infinité d'autres Passions, qui sont comme les branches de celles que nous avons nommées : L'on peut par exemple, comprendre sous l'Amour, la Grace, la Gentillesse, la Civilité,

H

les Careffes, les Embraffemens, les Baifers, la Tranquillité, la Douceur, &c. Et fans exami-ner fi toutes les chofes que les Peintres appel-lent du nom de Paffion, fe peuvent rapporter à celles des Philofophes, je fuis d'avis que chacun en ufe comme il luy plaira, & qu'il en faffe des études à fa mode, le nom n'y fait rien: L'on peut mefme appeller Paffion, la Majefté, la Fierté, l'Ennuy, l'Avarice, la Pareffe, l'Envie, & plu-fieurs autres chofes femblables. Ces Paffions fe doivent apprendre, comme nous avons déja dit fur la Nature, de la maniere que l'enfeigne no-ftre Autheur, fur les belles Antiques & fur les beaux Tableaux. Il faut voir par exemple tout ce qui fait pour la Trifteffe, le deffeigner foi-gneufement, & l'imprimer de telle forte dans fa memoire, que l'on en fçache de fept ou huit fa-çons plus ou moins, & qu'incontinent enfuite, l'on faffe voir fur le papier, fans autre Original que l'Image que nous en avons conceuë, qu'on les poffede parfaitement : mais fur tout pour les bien poffeder, il faut fçavoir que c'eft un tel trait ou une telle ombre plus ou moins forte, qui fait telle Paffion ou telle autre, dans un tel ou tel degré. Et ainfi quand on vous demandera ce qui fait en Peinture la Majefté d'un Roy, la Gravité d'un Heros, l'Amour d'un Chrift, la Douleur d'une Vierge, l'Efperance du bon Larron, le Defefpoir du méchant, la Grace & la Beauté d'une Venus, & enfin le Caractere de quelque Paffion que ce foit ; vous répondrez auffi-toft determinément & avec affurance, Que c'eft une telle Attitude, ou telles Lignes dans les par-ties du vifage formées de telle ou telle façon, ou mefme l'un & l'autre tout enfemble : car les

Parties du Corps feparement, font connoiftre
les Paffions de l'Ame, ou bien conjointement
les unes avec les autres.

Mais de toutes ces Parties, la Tefte eft celle
qui donne plus de vie & plus de Grace à la Paffion, & contribuë en cela toute feule plus que
toutes les autres enfemble. Les autres feparement ne peuvent exprimer que certaines Paffions, mais la tefte les exprime toutes. Il y en a
neantmoins qui luy font plus particulieres: comme l'Humilité, qu'elle exprime lors qu'elle eft
baiffée; l'Arrogance, quand elle eft élevée; la
Langueur, quand elle penche & qu'elle fe laiffe
aller fur l'Epaule; l'Opiniâtreté avec certaine
humeur revefche & barbare, quand elle eft droite, fixe & arreftée entre les deux Epaules; &
d'autres dont on conçoit mieux les marques
qu'on ne les peut dire, comme la Pudeur, l'Admiration, l'Indignation & le Doute. C'eft par
elle que nous faifons mieux voir nos Supplica-
tions, nos Menaces, noftre Douceur, noftre
Fierté, noftre Amour, noftre Haine, noftre
Ioye, noftre Trifteffe, noftre Humilité; enfin
c'eft affez de voir le Vifage pour entendre à demi mot; la Rougeur & la Pâleur nous parlent,
auffi bien que le mélange des deux.

Les parties du Vifage contribuent toutes à
mettre au dehors les fentimens du Cœur; mais
fur tout les Yeux, qui font comme deux fene-
ftres par où l'Ame fe fait voir: Les Paffions
qu'ils expriment plus particulierement font, le
Plaifir, la Langueur, le Defdain, la Severité, la
Douceur, l'Admiration & la Colere: La Ioye
& la Trifteffe en pourroient encore eftre, s'ils ne
partoient plus fpecialement des fourcis & de la

bouche : Et bien que ces deux dernieres Parties
s'accordent plus particulierement pour exprimer ces deux Paſſions , neantmoins ſi vous en
faites un triot avec les Yeux , vous aurez une
harmonie merveilleuſe pour toutes les Paſſions
de l'Ame.

Le Nez n'a point de Paſſion qui luy ſoit particuliere , il ne fait que preſter ſon ſecours aux
autres par un élevement de Narines , qui eſt autant marqué dans la Ioye comme dans la Triſteſſe ; il ſemble neantmoins que le mépris luy faſſe
lever le bout & élargir les Narines , en tirant en
haut la lévre de deſſus à l'endroit qui approche
des coins de la Bouche. Les Anciens ont fait le
Nez le Siege de la Moquerie , *Eum ſubdolæ*
Irriſioni dicaverunt : dit Pline. Ils y ont auſſi
logé la Colere : on voit dans Perſe , *Diſce : ſed*
Ira cadat Naſo, rugoſaque ſanna. Et Philoſtrate dans le Tableau de Pan que les Nimphes
avoient lié , & à qui elles faiſoient mille inſul-
tes , dit de ce Dieu : *Il avoit de couſtume de dor-*
mir auparavant d'un Nez benin , tranquille &
paiſible , radouciſſant par le ſommeil le renfro-
gnement & la colere qu'il y avoit fait paroiſtre;
mais il eſt aujourd'huy irrité au dernier point.
Ie croirois pour moy que le Nez eſt le Siege de
la Colere dans les animaux plûtoſt que dans les
hommes , & qu'il ne ſied bien qu'au Dieu Pan ,
qui tient beaucoup de la beſte, de renfrogner ſon
Nez dans la Colere , comme font les autres
animaux.

Le mouvement des Lévres doit eſtre mediocre , ſi c'eſt dans le diſcours ; parce qu'on parle
plûtoſt de la Langue que des Lévres : & ſi vous
faites la Bouche fort ouverte , il faut que ce ſoit

pour exprimer une violente Paſſion.

Pour ce qui eſt des Mains , elles ſont les ſer-
vantes de la Teſte , elles ſont ſes armes & ſon
ſecours ; ſans elles l'action eſt foible & comme
à demi-morte : leurs mouvemens, qui ſont prefque infinis, font des expreſſions ſans nombre.
N'eſt-ce pas par elles que nous deſirons , que
nous eſperons , que nous promettons , que nous
appellons , que nous renvoyons ? Elles ſont encore les inſtrumens de nos menaces , de nos ſup-
plications , de l'horreur que nous témoignons
pour les choſes , & de la loüange que nous leur
donnons. Par elles nous craignons , nous inter-
rogeons, nous approuvons, nous refuſons, nous
montrons noſtre joye & noſtre triſteſſe , nos
doutes , nos regrets , nos douleurs & nos admi-
rations : Enfin l'on peut dire , puis qu'elles ſont
la Langue des Muets , qu'elles ne contribuent
pas peu à parler un langage commun à toutes
les Nations de la Terre, qui eſt celuy de la Peinture.

Or de dire , comme il faut que ces Parties
ſoient diſposées pour exprimer les differentes
Paſſions , c'eſt ce qui eſt impoſſible , & dont on
ne peut donner de Regles bien preciſes , tant à
cauſe que le travail en ſeroit infini , que parce
que chacun en doit uſer ſelon ſon Genie & ſelon
l'étude qu'il en a dû faire. Souvenez-vous ſeulement de prendre garde que les Actions de vos
Figures ſoient toutes naturelles. *Il me ſemble*
(dit Quintilien parlant des Paſſions) *que cette
Partie ſi belle & ſi grande n'eſt pas inacceſſible,
& qu'il y a un chemin qui y conduit aſſez facilement : C'eſt de conſiderer la Nature , & de l'i-
miter : car les Spectateurs ſont ſatisfaits, lors que*

3. 3.

H iij

dans les chofes artificielles, ils reconnoiffent la Nature telle qu'ils ont accoûtumé de la voir. Cét endroit de Quintilien eft parfaitement expliqué par les paroles d'un excellent Maiftre, lefquelles noftre Autheur nous propofe comme une tres-bonne Regle : Les voicy : *Que les Mouvemens de l'Ame qui font étudiez, ne font jamais fi naturels que ceux qui fe voyent dans la chaleur d'une veritable Paffion.* Ces mouvemens s'exprimeront bien mieux, & feront plus naturels, fi l'on entre dans les mefmes fentimens, & que l'on s'imagine eftre dans le mefme eftat que ceux que l'on veut reprefenter : *Car la Nature* (dit

Dans fon Art. Horace) *difpofe noftre interieur à toutes fortes de fortunes ; tantoft elle nous rend contens, tantoft elle nous pouffe dans la colere, & tantoft elnous accable tellement de trifteffe, qu'elle nous abbat entierement, & nous met dans des inquietudes mortelles : puis elle pouffe au dehors les Mouvemens du Cœur par la Langue, qui eft fon Interprete.* Qu'au lieu de la *Langue* le Peintre

6. 2. dife, par les *Actions qui font fes Interpretes. Le moyen* (dit Quintilien) *de donner une Couleur à une chofe, fi vous n'avez pas cette Couleur. Il faut que nous foyons touchez les premiers d'une Paffion, devant que d'effayer d'en toucher les autres. Et comment faire* (adjoûte-t'il) *pour fe fentir émeu, veu que les Paffions ne font pas dans noftre puiffance ? En voicy le moyen, fi je ne me trompe : Il faut fe former des Vifions & des Images des chofes abfentes, comme fi effectivement elles eftoient devant nos yeux ; & celuy qui concevra plus fortement ces Images, poffedera cette Partie des Paffions avec d'autant plus d'avantage & de facilité.* Mais il

faut prendre garde, comme nous avons déja dit, que dans ces Visions les mouvemens soient naturels : car il y en a qui s'imaginent avoir donné bien de la vie à leurs Figures, quand ils leur ont fait faire des Actions violentes & exaggerées, que l'on peut appeller des Contorsions du Corps plûtost que des Passions de l'Ame ; & se donnent ainsi bien souvent de la peine, pour trouver quelque forte Passion où il n'en faut point du tout.

Ioignez à tout ce que j'ay dit des Passions, Qu'il faut extremement avoir égard à la qualité des personnes passionnées : La Ioye d'un Roy ne doit pas estre comme celle d'un valet, & la Fierté d'un Soldat ne doit pas ressembler à celle d'un Capitaine. Dans ces differences consiste tout le fin & tout le delicat des Passions. Paul Lomasse a écrit fort amplement sur chaque Passion en particulier dans son 2. Livre : mais prenez garde à ne vous y point trop arrester, & à ne point forcer vostre Genie.

§ 247. [*On la vit se sauver dans des lieux souterrains.*] Tout ce qui se trouva de Peinture Antique en Italie fut ruïné dans l'irruption des Huns & des Gots, à la reserve des Ouvrages qui estoient dans les lieux souterrains, qui pour n'avoir pas esté fort exposez à la veüe, furent sauvez de l'insolence de ces Barbares.

§ 256. [*La Cromatique.*] La troisiéme & derniere Partie de la Peinture s'appelle Cromatique, ou Coloris. Elle a pour objet la Couleur: c'est pourquoy les Lumieres & les Ombres y sont aussi comprises, qui ne sont autre chose que du Blanc & du Brun, & par consequent qui ont rang parmi les Couleurs. Philostrate dit, *Qu'on*

De Vita Apol-
lonij l. 2. c. 10.

peut appeller *Peinture à juste titre ce qui n'est fait*
qu'avec deux seules Couleurs ; pourveu que les
Lumieres & les Ombres y soient observées : car
on y voit la veritable ressemblance des choses
avec leurs Beautez : on ne laisse pas mesme d'y
voir les Passions, quoy que sans Couleur : on y
peut exprimer tant de vie, que l'on y connoisse
jusqu'au sang ; la Couleur des cheveux & de la
barbe s'y fait remarquer, & l'on y distingue sans
confusion les Noirs, les Blonds & les Vieillards
par la blancheur de leur poil. On y connoist sans
peine les Indiens & les Mores, non seulement
par leur nez camus, leurs cheveux crespus, &
leurs joües élevées : mais aussi par la Couleur
noire qui leur est naturelle. L'on peut adjoûter
à ce que dit Philostrate, qu'avec deux seules
Couleurs, le Clair & l'Obscur, il n'y a point de
sorte d'Etoffe qu'on ne puisse imiter. Disons
donc, Que la Cromatique fait ses observations
sur les Masses ou Corps des Couleurs accompa-
gnées de Lumieres & d'Ombres plus ou moins
evidentes par degrez de diminution, selon les
accidens, premierement du Corps lumineux,
comme du Soleil ou d'un flambeau ; seconde-
ment du Corps diaphane, qui est entre nous &
l'objet, comme l'Air pur ou épais, ou une vitre
rouge, &c. 3. du Corps solide illuminé, comme une Statuë de marbre blanc, un arbre vert,
un cheval noir, &c. 4. de la part de celuy qui
regarde le Corps illuminé comme le voyant de
loin ou de près, directement en angle droit, ou
de biais en angle obtus, de haut en bas, ou de
bas en haut. Cette Partie dans la connoissance
qu'elle a de la valeur des Couleurs, de l'amitié
qu'elles ont ensemble, & de leur antipathie, elle

comprend la Force, le Relief, la Fierté, & ce Precieux que l'on remarque dans ses bons Tableaux. Le maniément des Couleurs & le travail dépendent encore de cette derniere Partie.

§ 263. [*Sa Sœur* ;] C'est à dire, le Dessein, qui est la seconde Partie de la Peinture ; laquelle ne consistant qu'en lignes, a tout-à-fait besoin de la Cromatique pour paroistre ; c'est pourquoy nostre Autheur appelle cette derniere Partie, *Lena Sororis*, que j'ay traduit en termes plus honnestes de cette sotte : *On l'accusoit de produire sa Sœur, & de nous engager adroitement à l'aimer.*

§ 267. [*La Lumiere produit, &c.*] Voicy trois Theoresmes de suite que nostre Autheur nous propose, pour en tirer quelques conclusions : Vous en trouverez d'autres, qui sont autant de propositions dont il faut tomber d'accord, pour en tirer les Preceptes, qui sont contenus dans la suite de ce Traité, ils sont tous fondez sur le Sens de la Veüe.

§ 280. [*Ce qui sera tout au plus.*] Voyez la Remarque du nombre 152.

§ 282. [*Que vous fassiez paroistre les Corps éclairez par des Ombres qui arrestẽt vostre veuë, &c.*] C'est à dire proprement, qu'apres de grands Clairs il faut de grandes Ombres, qu'on appelle des Repos ; parce que effectivement la veüe seroit fatiguée, si elle estoit attirée par une continuité d'objets petillans. Les Clairs peuvent servir de repos aux Bruns, comme les Bruns en servent aux Clairs. I'ay dit ailleurs qu'un Grouppe de Figures doit estre consideré comme un Chœur de Musique, dans lequel les Basses soûtiennent les Dessus, & les font entendre plus agreablement.

Ces Répos fe font de deux manieres , dont
l'une eft Naturelle , & l'autre Artificielle : La
Naturelle fe fait par une étenduë de Clairs ou
d'Ombres , qui fuivent naturellement & necef-
fairement les Corps folides , ou les Maffes de
plufieurs Figures agrouppées lors que le jour
vient à fraper deffus : Et l'Artificielle confifte
dans les Corps des Couleurs que le Peintre donne à certaines chofes telles qu'il luy plaift , &
les compofe de telle forte , qu'elles ne faffent
point de tort aux Objets qui font auprés d'elles:
Vne Draperie par exemple que l'on aura fait
jaune ou rouge en certain endroit , pourra eftre
dans un autre de Couleur brune, & y conviendra
mieux pour produire l'effet que l'on demande.
L'on doit prendre occafion autant qu'il eft poffible de fe fervir de la premiere Maniere , & de
trouver les repos dont nous parlons par le Clair
ou par l'Ombre , qui accompagnent naturellement les Corps folides : Mais comme les Sujets
que l'on traite ne font pas toûjours favorables,
pour difpofer des Figures ainfi que l'on voudroit
bien , l'on peut en ce cas prendre fon avantage
par les Corps des Couleurs , & mettre dans les
endroits qui doivent eftre obfcurs , des Draperies , ou d'autres chofes que l'on peut fuppofer
eftre naturellement brunes & falies , lefquelles
vous feront le mefme effet , & vous donneront
les mefmes Repos que les Ombres qui n'ont pû
eftre caufées par la difpofition des Objets.

Ainfi le Peintre qui a de l'intelligence pren-
dra fes avantages de l'une & de l'autre Maniere;
& s'il fait un Deffein qui doive eftre gravé , il fe
fouviendra que les Graveurs ne difpofent pas
des Couleurs , comme font les Peintres , & que

par confequent il doit prendre occafion de trouver les Repos de fon Deffein dans les Ombres
naturelles des Figures, qu'il aura difposées à cét
effet. Rubens en donne une parfaite connoiffance dans les Eftampes qu'il a fait graver; & je ne
croy pas que l'on puiffe rien voir de plus beau en
ce genre: Toute l'intelligence des Grouppes, du
Clair-Obfcur & de ces Maffes que le Titien
appelloit *la Grappe de Raifin*, y eft fi nettement
exposée, que la veüe de ces Eftampes & l'attention que l'on y apporteroit contribueroient
beaucoup à faire un Habile-homme. Les plus
belles font gravées par Vorfterman, Pontius,
& Bolfvert, tous trois excellens Graveurs, &
dont Rubens prenoit plaifir de conduire les
Ouvrages, lefquels vous trouverez fans doute admirables, fi vous voulez les examiner;
mais n'y cherchez pas l'élegance du Deffein ny
la correction des Contours.

Ce n'eft pas que les Graveurs ne puiffent &
ne doivent imiter les Corps des Couleurs par les
degrez du Clair-Obfcur, autant qu'ils jugeront
que cela doit produire un bel effet; au contraire
il eft, à mon avis, impoffible de donner beaucoup de force à tout ce que l'on gravera d'apres
les Ouvrages de l'Ecole de Venife, & de tous
ceux qui ont eu l'intelligence des Couleurs & du
Contrafte du Clair-Obfcur, fans imiter en quelque façon la Couleur des Objets felon le rapport qu'elle a aux degrez du Blanc & du Noir.
On voit certaines Eftampes de differens bons
Graveurs, où ces chofes font obfervées, qui ont
une force merveilleufe: Et il paroift depuis peu
une Gallerie de l'Archiduc Leopolde, laquelle,
quoy que tres-mal gravée, ne laiffe pas de don-

ner à connoiſtre une partie de la beauté de ſes
Originaux, à cauſe que les Graveurs qui l'om
executée (quoy que d'ailleurs aſſez ignorans)
ont obſervé à-peu-prés dans la plulpart de ces
Eſtampes les Corps des Couleurs dans le rapport qu'elles ont aux degrez du Clair-Obſcur.

Que les Graveurs faſſent un peu de reflexion
ſur toute cette Remarque : elle leur eſt de la
derniere conſequence ; car quand ils auront l'intelligence de ces Repos, ils reſoudront facilement les difficultez qui les embaraſſent ſouvent,
& lors principalement qu'ils ont à graver d'a-
pres un Tableau, où ny le Clair-Obſcur, ny les
Corps des Couleurs ne ſe trouvent pas ſçavam-
ment obſervez, quoy que dans les autres Parties le Tableau ſoit fort accompli.

286. [*De la meſme façon que le Miroir con-*
vexe vous le montre.] Le Miroir convexe altere les Objets qui ſont au milieu, de maniere
qu'il ſemble les faire ſortir hors de ſa ſuperficie.
Le Peintre en uſera de la ſorte à l'égard du
Clair-Obſcur de ſes Figures, pour leur donner
plus de relief & plus de force.

¶   290. [*Et que celles qui tournent ſont de*
Couleurs rompuës, comme eſtant moins diſtin-
guées & plus proches des bords.] Il faut que le
Peintre imite encore le Miroir convexe en cecy,
& qu'aux bords de ſon Tableau il n'y mette rien
de petillant, ny en Couleur, ny en Lumiere. Il
y a deux raiſons pour cela : la premiere eſt, que
d'abord l'œil ſe porte ordinairement au milieu
de l'Objet qui ſe preſente à luy, & que par conſequent il faut qu'il y trouve le Principal Objet,
pour eſtre ſatisfait : Et l'autre raiſon eſt, que les
bords eſtant chargez d'ouvrage fort & petillant,

ils attirent les yeux qui font comme en inquietude de ne voir pas une continuité de cét Ouvrage, qui eft tout d'un coup interrompu par les
bords du Tableau : au-lieu que ces bords eftant
legers d'ouvrage, l'œil demeure au centre du
Tableau, & l'embraffe plus agreablement : C'eft
pour cette mefme raifon que dans une grande
Compofition de Figures, celles qui eftant fur le
devant feront coupées par la bafe du Tableau,
feront toûjours un mauvais effet.

329. [*La Grappe de Raifin.*] Il eft affez
évident que le Titien par cette comparaifon auffi judicieufe que familiere, a pretendu dire que
l'on doit ramaffer les Objets & les difpofer de
telle forte, qu'ils compofent un Tout, dont plufieurs Parties contiguës puiffent eftre éclairées,
plufieurs ombrées, & d'autres de Couleurs rompuës, pour eftre dans les Tournans ; de mefme
que dans une Grappe de Raifin plufieurs Grains
qui en font les parties, fe trouvent dans le jour,
plufieurs dans l'ombre, & d'autres dans la demie teinte, pour eftre dans les Parties fuyantes.
Le Tintoret dit un jour à Rubens, qu'il avoit
oüi dire au Titien, Que dans tous fes plus grands
Ouvrages la Grappe de Raifin eftoit fon meilleur guide & fa principale Regle.

330. [*Le Blanc tout pur avance ou recule*
indifferemment, il s'approche avec du Noir, &
s'éloigne fans luy.] Tout le monde convient,
que le Blanc peut fubfifter fur le devant du Tableau, & y eftre employé tout pur ; la queftion
eft donc de fçavoir s'il peut également fubfifter
& eftre placé de la mefme forte fur le derriere,
la Lumiere eftant univerfelle & les Figures fup-
pofées dans une campagne. Noftre Autheur

conclud affirmativement ; & la raison qui ap-
puye ce Precepte est, Que n'y ayant rien qui
participe davantage de la Lumiere que le Blanc,
& la Lumiere pouvant fort bien subsister dans
le lointin (comme nous le voyons tous les jours
au lever & au coucher du Soleil), il s'ensuit
que le Blanc y peut subsister aussi : En Peinture
la Lumiere & le Blanc ne sont quasi que la mesme chose. Adjoûtez à cela que nous n'avons
point de Couleur plus approchante de l'Air que
le Blanc, & par consequent point de Couleur
plus legere : d'où vient mesme que nous disons
ordinairement que l'Air est pesant quand nous
voyons le Ciel couvert de nuages obscurs, ou
qu'un broüillard épais no⁹ oste cette clairté, qui
fait la legereté & la serenité de l Air. Le Titien,
Tintoret, Paul Veronese, & tous ceux qui ont
le mieux entendu les Lumieres, l'ont observé
de la sorte, & personne ne peut aller à l'encon-
tre de ce Precepte, à moins de renoncer au Païsage, qui nous confirme parfaitement cette verité ; & nous voyons que tous les Grands Païsa-
gistes ont suivi en cela le Titien, qui s'est toûjours servi de Couleurs brunes & terrestres sur
le devant, & qui a reservé ses plus grands Clairs
pour les lointins & les derrieres de ses Païsages.

On peut objecter à cette opinion, Que le
Blanc ne peut pas se tenir dans le lointin ; puisque l'on s'en sert ordinairement pour faire ap-
procher les Objets sur le devant. Il est vray que
l'on s'en sert, & mesme fort à propos, pour rendre les Objets plus sensibles par l'opposition du
Brun qui le doit accompagner, & qui le retient
comme malgré luy ; soit que ce Brun luy serve
de fond, ou qu'il luy soit attaché. Par exemple ;

fi vous voulez faire un cheval blanc fur les premieres lignes de voftre Tableau , il faut abfolu-
ment, ou que le fond en foit d'un Brun temperé
& affez large , ou que les harnois en foient de
Couleurs tres - fenfibles , ou enfin qu'il y ait
quelque Figure deffus , dont les Ombres & la
Couleur le retiennent fur le devant.

Mais , il femble (direz-vous) que le Bleu eft
la Couleur la plus fuyante; puifque le Ciel & les
Montagnes les plus éloignées font de cetteCou-
leur. Il eft bien vray que le Bleu eft une Couleur
des plus legeres & des plus douces : mais il eft
vray auffi qu'elle a d'autant plus toutes ces qualitez , qu'il y a de Blanc meflé dedans, comme
l'exemple des lointins nous le fait connoiftre.

Que fi la Lumiere de voftre Tableau n'eft
point univerfelle , & que vous fuppofiez vos Figures dans une Chambre , pour lors fouvenez-
vous de Theoréme , qui dit , que *Plus un Corps*
eft proche de la Lumiere , & nous eft directement
opposé , plus il eft éclairé ; parce que la Lumiere
s'affoiblit en s'éloignant de fa Source. Vous pourrez encore éteindre voftre Blanc, fi vous fuppo-
fez l'Air eftre un peu plus épais , & fi vous pre-
voyez que cette fuppofition fera un bon effet
dans l'œconomie de tout l'Ouvrage : mais que
cela n'aille pas jufqu'à faire vos Figures d'une
demie teinte fi brune , qu'il femble qu'elles
foient dans un vilain broüillard , ou qu'elles paroiffent attachées à leur fond. Voyez la Remarque fuivante.

¶ 332. [*Mais pour le Noir tout pur , il n'y a*
rien qui s'approche davantage ;] d'autant que
c'eft la Couleur la plus pefante, la plus terreftre,
& la plus fenfible : Cela s'entend affez par les

qualitez du Blanc qui luy eſt oppoſé, & qui eſt,
comme nous avons dit, la Couleur la plus legere. Il y a peu de perſonnes qui ne ſoient de cette
opinion; cependant j'en ay trouvé qui m'ont dit
que le Noir ſur le devant ne faiſoit que des
trous. A cela il n'y a rien à répondre, ſinon que
le Noir fait toûjours un bon effet ſur le devant,
quand il eſt mis fort à propos & avec prudence.
Il faut donc tellement diſpoſer les Corps que
l'on veut tenir ſur le devant du Tableau, que
l'on n'y voye point ces ſortes de trous, & que
les Noirs y ſoient par Maſſes & confondus inſenſiblement. Voyez le x LVII. Precepte.

Ce qui donne le relief à la boule (me dira
quelqu'un) eſt l'éclat ou le Blanc, qui eſt ce
ſemble ſur la partie la plus proche de nous; &
par conſequent le Noir eſt fuyant.

Il faut prendre garde icy de ne pas confondre
les Tournans avec les Diſtances : La queſtion
n'eſt qu'à l'égard des Corps ſeparez par quelque
diſtance d'enfoncement, & non pas des Corps
ronds d'une meſme continuité. Le Brun que
l'on meſle dans les tournans de la boule, les fait
fuïr, en les confondant plûtoſt (pour ainſi dire)
qu'en les noirciſſant. Et ne voyez-vous pas que
les Reflets ſont un artifice du Peintre, pour rendre les tournans plus legers, & que par ce moyen
le plus grand Noir demeure vers le milieu de la
boule, pour ſoûtenir le Blanc, & faire qu'elle
nous trompe plus agreablement.

Ce Precepte du Blanc & du Noir eſt de ſi
grande conſequence, qu'à moins d'eſtre exactement pratiqué, il eſt impoſſible qu'un Tableau
faſſe grand effet, que les Maſſes en ſoient de-
broüilles, & que les Diſtances d'enfoncement
s'y faſſent

s'y faſſent remarquer du premier coup d'œil &
ſans peine.

L'on peut inferer de ce Precepte, que les Maſſes des autres Couleurs ſeront d'autant plus ſenſibles, & approcheront d'autant plus de la veuë,
qu'elles ſeront brunes ; pourveu que ce ſoit entre Couleurs de meſme eſpece : Par exemple,
un Iaune brun approchera davantage qu'un autre qui le ſera moins. I'ay dit *, pourveu que ce
ſoit entre Couleurs de meſme eſpece* : parce qu'il
y a des Couleurs ſimples, qui de leur nature ſont
fieres & ſenſibles , quoy que claires, comme le
Vermillon : Il y en a auſſi d'autres , quoy que
brunes , qui ne laiſſent pas d'eſtre douces &
fuyantes, comme l'Azur d'Outremer.

L'effet d'un Tableau ne vient donc pas ſeulement du Clair-Obſcur , mais encore de la nature des Couleurs. I'ay crû qu'il n'eſtoit pas hors
de propos de dire icy les qualitez de celles dont
on ſe ſert ordinairement , & que l'on appelle
Couleurs capitales ; parce qu'elles ſervent à
faire la compoſition de toutes les autres , dont
le nombre eſt infini.

L'Occre de Rut eſt une Couleur des plus pe-
ſantes.

L'Occre-jaune ne l'eſt pas tant ; parce qu'il
eſt plus clair.

Et le Maſſicot eſt fort leger ; parce que c'eſt
un Iaune tres-clair & qui approche fort du
Blanc.

L'Outremer , ou l'Aſur , eſt une Couleur
fort legere & fort douce.

Le Vermillon eſt entierement opposé à l'Outremer.

La Laque eſt un milieu entre l'Outremer & le

I

Vermillon, encore eſt-elle plus douce que rude.

Le Brun-rouge eſt des plus terreſtres & des plus ſenſibles.

Le Stil de grain eſt une Couleur indifferente. & fort ſuſceptible des qualitez des autres Couleurs par le mélange : Si vous y mélez du Brun-rouge, vous ferez une Couleur des plus terre-ſtres ; mais ſi au contraire vous le joignez avec le Blanc ou le Bleu, vous en aurez une Couleur des plus fuyantes.

La Terre verte eſt legere; elle eſt un milieu en-tre l'Occre-jaune & l'Outremer.

La Terre d'ombre eſt extremement ſenſible & terreſtre ; il n'y a que le Noir extréme qui luy puiſſe diſputer.

De tous les Noirs celuy-là eſt le plus terreſtre qui s'éloigne le plus du Bleu.

Selon le Principe que nous avons établi du Blanc & du Noir, vous rendrez chacune de ces Couleurs que je viens de nommer d'autant plus terreſtre & plus peſante, que vous y joindrez de Noir, & d'autant plus legere que vous y méle-rez de Blanc.

Pour ce qui eſt des Couleurs rompuës ou compoſées, on doit juger de leur force par celle des Couleurs qui les compoſent. Tous ceux qui ont bien entendu l'accord des Couleurs, ne les ont pas employées toutes pures dans leurs Dra-peries, ſinon dans quelque Figure ſur la premie-re ligne du Tableau : mais ils ſe ſont ſervis de Couleurs rompuës & compoſées, dont ils ont fait une Muſique pour les yeux, en mélant celles qui ont quelque ſympathie les unes avec les au-tres, pour en faire un Tout qui aye de l'union avec les Couleurs qui luy ſont voiſines. Le Pein-tre qui a la connoiſſance de la force & du pou-

voir de ſes Couleurs, en uſera comme il jugera
à propos & ſelon ſa prudence.

¶ 355. [*Mais que cela ſe faſſe relativement,*
c'eſt à dire, &c.] Vn corps doit en faire fuïr
tellement un autre, qu'il puiſſe eſtre luy-meſme
chaſſé par ceux qui ſont avancez ſur le devant.
Il faut prendre garde & avoir attention (dit
Quint.) *non pas à une ſeule choſe détachée, mais*
à pluſieurs qui ſe ſuivent, & qui par un certain
rapport qu'elles ont les unes avec les autres, ſont
comme continuës, de meſme que ſi dans une rüe
droite nous jettons les yeux d'un bout à l'autre,
nous découvrons tout d'un coup les differentes
choſes qui s'y rencontrent, en ſorte que non ſeu-
lement nous verrons la derniere, mais juſqu'à la
derniere relativement. L. 10. c. 7.

¶ 361. [*Que jamais deux extremitez contrai-*
res, &c.] Le Sens de la veuë a cela de commun
avec tous les autres, qu'il abhorre les extremitez contraires. Et de meſme que les mains qui
ont grand froid, ſouffrent beaucoup lors qu'on
les approche tout d'un coup du feu ; ainſi les
yeux qui trouvent un extréme Blanc auprés d'un
extréme Noir, ou un bel Azur auprés d'un Vermillon ardent, ne ſçauroient regarder ces extremitez qu'avec peine, quoy qu'ils y ſoient toûjours attirez par l'éclat des deux contraires.

Ce Precepte oblige de ſçavoir les Couleurs
qui ont amitié enſemble, & celles qui ſont in-
compatibles ; ce que l'on pourra aiſément découvrir en mélant enſemble les Couleurs dont
on veut faire épreuve : & ſi par ce mélange elles
font une Couleur douce & qui ne ſoit point
deſagreable aux yeux, c'eſt une marque qu'il y
a de l'union & de la ſympathie entr'elles ; ſi au

contraire la Couleur qui sera produite du mélange des deux autres, est rude à la veuë, il faut
conclure qu'il y a contrarieté & antipathie entre
ces deux Couleurs. Le Vert par exemple est une
Couleur agreable, qui peut venir du Bleu & du
Iaune mélez ensemble, & par consequent le
Bleu & le Iaune sont deux Couleurs qui sympa-
tisent : & tout au contraire le mélange du Bleu
& du Vermillon produit une Couleur aigre, rude & desagreable : Concluez donc que le Bleu
& le Vermillon ont antipathie ensemble; & ainsi des autres Couleurs, dont vous pouvez faire
essay, & vous éclaircir une fois pour toutes.
(Voyez la fin de la Remarque 332. où j'ay pris
occasion de parler de la force & de la qualité de
chaque Couleur capitale) L'on peut neantmoins passer par dessus ce Precepte, quand on
n'a qu'une ou deux Figures à traiter, & que parmi un grand nombre on en veut faire remarquer
quelqu'une, qui est des principales du Sujet, &
qui autrement ne pourroit se faire remarquer
par dessus les autres. Titien dans le Tableau
qu'il a fait du Triomphe de Bacchus, ayant placé Ariadne sur l'un des costez du Tableau, & ne
pouvant pour cette raison la faire remarquer par
les éclats de la lumiere qu'il a voulu conserver
dans le milieu, il luy a donné une écharpe de
Vermillon sur une Draperie bleüe, tant pour la
détacher de son fond, qui est déja une mer
bleüe, qu'à cause que c'est une des principales
Figures du Sujet, sur laquelle il veut que l'œil
soit attiré. Paul Veronese dans sa Nopce de Ca-
na, parce que le Christ, qui est la Principale Figure du Sujet, est un peu enfoncé dans le Tableau, & qu'il n'a pû le faire remarquer par le

brillant du Clair-Obscur, il l'a vestu de Bleu &
de Vermillon, pour faire que la veuë se portast
sur cette Figure.

Les Couleurs ennemies se pourront d'autant
plus allier, que vous y mèlerez d'autres Couleurs qui auront sympathie l'une avec l'autre, &
qui s'accorderont avec celles que vous voudrez,
pour ainsi dire, reconcilier.

¶ 365. [*C'est travailler en vain que de, &c.*]
Il a dit ailleurs : *Cherchez tout ce qui aide vostre*
Art & qui luy convient, fuyez tout ce qui luy
repugne. C'est le Precepte L I X. Si le Peintre
veut arriver à sa fin, qui est de tromper la veuë,
il doit faire choix d'une Nature qui s'accorde à
la foiblesse de ses Couleurs ; puisque ses Couleurs ne peuvent pas s'accorder à toute sorte de
Nature. Ce Precepte doit estre particulierement
considerable à ceux qui font du Païsage.

¶ 378. [*Que le Champ du Tableau, &c.*]
La raison en est qu'il faut eviter le rencontre des
Couleurs qui ont antipathie ensemble ; parce
qu'elles blessent la veuë : de sorte que ce Precepte se prouve fort bien par le quarante-uniéme,
qui, dit, *Que jamais deux extremitez contraires*
ne se touchent, soit en Couleur ou en Lumiere;
mais qu'il y ait un milieu participant de l'un &
de l'autre.

¶ 382. [*Que vos Couleurs soient vives, sans*
pourtant donner, comme on dit, dans la farine.]
Donner dans la farine est une façon de parler
parmi les Peintres, qui exprime parfaitement
ce qu'elle veut dire, qui n'est autre chose que de
peindre de Couleurs claires & fades tout ensemble, lesquelles ne donnent non plus de vie aux
Figures, que si effectivement elles estoient frot-

tées de farine. Ceux qui font leurs Carnations fort blanches & leurs Ombres grifes ou verda-ftres, tombent dans cet inconvenient. Les Couleurs roufles dans les Ombres des chairs les plus delicates, contribuent merveilleufement à les rendre vives, brillantes & naturelles : mais il en faut ufer avec la mefme prudence dont le Titien, Paul Ver. Rubens & Vandeix fe font fervis.

Pour conferver les Couleurs fraifches, il faut peindre en mettant toûjouts des Couleurs, & non pas en frottant apres les avoir couchées fur la toile : & s'il fe pouvoit mefme faire qu'on les mift juftement dans leurs places, & que l'on n'y touchaft point quand on les y a une fois placées, il feroit encore mieux ; parce que la fraifcheur des Couleurs fe ternit & fe perd à force de les tourmenter en peignant.

Tous ceux qui ont bien colorié avoient encore une autre Maxime pour maintenir les Couleurs fraifches, vives & fleuries ; c'eftoit de fe fervir de Fonds blancs, fur lefquels ils peignoient, & fouvent mefme au premier coup, fans rien retoucher, & fans y employer de nouvelles Couleurs. Rubens s'en fervoit toûjours ; & j'ay veu des Tableaux de la main de ce Grand Homme faits au premier coup, qui avoient une vivacité merveilleufe. La raifon qu'ils avoient de fe fervir de ces fortes de Fonds, eft que le Blanc conferve toûjours un éclat fous le tranfparant des Couleurs, lefquelles empefchent que l'air n'altere la blancheur du Fond, de mefme que cette blancheur repare le dommage qu'elles reçoivent de l'air ; de maniere que le Fond & les Couleurs fe preftent un mutuel fecours, & fe confervent l'un l'autre. C'eft par cette raifou

que les Couleurs glacées ont une vivacité qui ne
peut jamais estre imitée par les Couleurs les plus
vives & les plus brillantes, dont à la maniere
ordinaire & commune on couche simplement
les differentes teintes, chacune dans leur place
les unes apres les autres : tant il est vray que le
Blanc avec les autres Couleurs fieres, dont on
peint d'abord ce que l'on veut glacer, en font
comme la vie & l'éclat. Les Anciens ont assuré-
ment trouvé que les Fonds blancs estoient beaucoup meilleurs que les autres : puisque nonobstant l'incōmodité que leurs yeux recevoient de
cette Couleur, ils ne laissoient pas de s'en servir,
comme le témoigne Gallien dans son x.l. de l'u-
sage des parties. *Les Peintres* (dit-il) *lors qu'ils*
travaillent sur leurs Fonds blancs , ils mettent
devant eux des Couleurs brunes & d'autres mé-
lées de Bleu & de Verd , pour se delasser les
yeux ; parce que le Blanc est une Couleur dont
l'éclat peine & fatigue la veüe plus qu'aucune
autre. Ie ne sçay d'où vient que l'on ne s'en sert
pas aujourd'huy, si ce n'est qu'il y a peu de
Peintres curieux de bien colorier, ou que l'é-
bauche commencée sur le Blanc ne se montre
pas assez viste, & qu'il faut avoir une patience
plus que Françoise, pour attendre qu'elle soit
achevée, & que le Fond qui ternit par sa Blancheur l'éclat des autres Couleurs, soit entierement couvert, pour faire paroistre agreablement
tout l'Ouvrage.

¶ 383. [*Que les Parties plus élevées & plus*
proches de vous , soient , &c.] La raison de cecy est, que sur une superficie platte & aussi unie
qu'est une toile tenduë, le moindre corps paroist
beaucoup, & donne du relief à la place qu'il oc-

cupe. Ne chargez donc pas de Couleurs les endroits que vous voulez faire tourner ; mais bien ceux que vous voulez tirer hors de la toile.

§ 385. [*Qu'il y ait une telle harmonie dans voſtre Tableau, que toutes les Ombres n'en paroiſſent qu'une.*] Il a dit ailleurs, qu'après de grands Clairs, il faut de grandes Ombres, qu'il appelle des Repos. Ce qu'il entend par ce Precepte-cy, eſt, que tout ce qui ſe trouve dans ces grandes Ombres, participe de la Couleur l'un de l'autre, en ſorte que toutes les differentes Couleurs qui ſont bien diſtinguées dans le Clair, ſemblent n'eſtre qu'une dans l'Obſcur par leur grande union.

§ 387. [*Tout d'une Paſte ;*] C'eſt à dire, d'une meſme continuité de travail, & comme ſi le Tableau avoit eſté fait tout en un jour ; le Latin dit, Tout d'une Palette.

§ 388. [*Le Miroir vous apprendra, &c.*] Le Peintre doit avoir principalement égard aux Maſſes & à l'effet du Tout-enſemble. Le Miroir éloigne les objets, & par conſequent il n'en fait voir que les Maſſes, dans leſquelles toutes les petites parties ſont confonduës. Le ſoir, quand la nuit approche, vous ferez bien mieux cette obſervation ; mais non pas ſi commodement: car le temps propre à cela ne dure qu'un quart d'heure, & le Miroir peut ſervir pendant tout le jour.

Puiſque le Miroir eſt la Regle & le maiſtre des Peintres, en leur faiſant voir leurs deffauts par l'éloignement & la diſtance où il chaſſe les Objets, concluez que le Tableau qui ne fait pas un bon effet de loin, ne peut pas eſtre bien, & qu'il ne faut jamais finir ſon Tableau, qu'au-

paravant on n'ait examiné d'une diftance affez
confiderable, ou avec un Miroir, fi les Maffes
du Clair-Obfcur & les corps des Couleurs font
bien diftribuez. Le Georgion & le Correge fe
fervoient de cette methode.

§ 393. [*Pour ce qui eft des Portraits, &c.*] La
fin des Portraits n'eft pas fi precifément comme
quelques-uns fe l'imaginent, de donner avec la
reffemblance un air riant & agreable ; c'eft bien
quelque chofe, mais ce n'eft pas affez. Il confifte à exprimer le veritable temperament des
perfonnes que l'on reprefente, & à faire voir
leur Phifionomie. Si la perfonne que vous peignez, par exemple, eft naturellement trifte, il
fe faudra bien garder de luy donner de la gayeté,
qui feroit toûjours quelque chofe d'étranger fur
fon vifage. Si elle eft enjoüée, il faut faire paroiftre cette belle humeur par l'expreffion des
Parties où elle agit & où elle fe montre. Si elle
eft grave & majeftueufe, les ris trop fenfibles
rendront cette Majefté fade & niaife. Enfin, le
Peintre qui a de l'efprit, doit faire le difcernement de toutes ces chofes ; & s'il fçait la Phifionomie, il aura bien plus de facilité & reuffira
bien mieux qu'un autre. Pline dit, *Qu'Apelle
faifoit fes Portraits fi reffemblans, qu'un certain
Phifionomifte & Difeur de bonne avanture, au
rapport d'Appion le Grammairien, difoit en les
voyant le temps au jufte que devoit arriver la
mort des perfonnes à qui ils reffembloient, ou en
quel temps elle eftoit arrivée, fi la perfonne n'e-
ftoit plus en vie.*

§ 403. [*Peignez le plus tendrement qu'il vous
fera poffible, & faites perdre infenfiblement,
&c.*] Non pas en forte que vous faffiez mourir

vos Couleurs à force de les tourmenter ; mais que vous les méliez le plus promptement que vous pourrez & que s'il y a moyen, vous ne retouchiez pas deux fois au mefme endroit.

¶ 403. [*Lumieres larges.*] C'eft en vain que vous travaillez, fi vous ne confervez vos Lumieres larges ; puifque fans elles voftre Ouvrage ne fera jamais un bon effet de loin, & que les petites Lumieres fe confondent & s'effacent à mefure que vous vous éloignez du Tableau. Cette Maxime a toûjours efté celle du Correge.

¶ 417. [*Doivent avoir du grand, & les Contours nobles ;*] comme les Ouvrages Antiques nous le montrent.

¶ 422. [*Ainfi il n'y a rien de plus pernicieux à un Enfant qui, &c.*] L'on fe met ordinairement fous la Difcipline d'un Maiftre dont on a bonne opinion, & dont on embraffe facilement la Maniere, laquelle prend racine & s'augmente à mefure qu'on le voit travailler, & que l'on copie fes Ouvrages : Elle arrive fouvent à tel point, & fait de fi grands progrez dans l'efprit du Difciple, qu'il ne peut donner fon approbation à quelqu'autre Maniere que ce foit, & ne croit pas qu'il y ait un plus habile homme que fon Maiftre au refte du monde. Mais ce qui eft en cecy de plus remarquable, c'eft que l'on voit toûjours la Nature femblable à la Maniere que l'on ayme, & dont on eft inftruit, laquelle eft comme un verre au travers duquel nous voyons les objets, & qui leur communique fa Couleur, fans que nous nous en appercevions. Apres cela voyez de quelle confequence il eft de bien choifir un Maiftre, & de fuivre dans les commencemens la Maniere de ceux qui ont le plus approché de la Nature. Et combien croyez-vous que les méchantes Manieres qui ont esté en France ont fait de tort aux Peintres de cette Nation, & ont esté un obstacle pour connoistre le bien , ou pour y arriver apres l'avoir connu. Les Italiens disent à ceux qu'ils voyent infectez de quelque méchante Maniere laquelle ils ne sçauroient quitter, *Si vous ne sçaviez rien , vous sçauriez bien-tost quelque chose.*

§ 432. [*Cherchez tout ce qui aide vostre Art & qui luy convient , fuyez tout ce qui luy repugne.*] Ce Precepte est admirable : il faut que le Peintre l'aye toûjours present dans l'esprit & dans la memoire ; c'est luy qui resout les difficultez que les Regles font naistre , c'est luy qui délie les mains & qui aide l'entendement , c'est luy enfin qui met le Peintre en liberté , puis qu'il luy apprend , qu'il ne doit point s'assujettir servilement & en esclave aux Regles de son Art ; mais bien que les Regles de son Art luy doivent estre sujettes , en ne l'empeschant point de suivre son Genie qui les passe.

§ 434. [*Les Corps de diverse nature agrouppez ensemble , font plaisans à la veuë.*] Comme les Fleurs , les Fruits , les Animaux , les Peaux , les Satins , les Velours , les belles Chairs , les Argenteries , les Armures , les Instrumens de Musique , les Ornemens des Sacrifices Antiques , & mille autres diversitez agreables , dont le Peintre pourra s'aviser. Il est certain que la diversité des objets recrée la veuë , quand ils sont sans confusion , & qu'ils ne diminuent en rien la force du Sujet que l'on traite. L'experience nous apprend , que l'œil se lasse de voir toûjours les mesmes choses , non seulement dans les Ta-

bleaux , mais encore dans la Nature : car qui
eſt-ce qui ne s’ennuiroit pas dans une longue fo-
reſt , ou dans une plaine denuée d’arbres, ou parmi une quantité de montagnes , qui ne feroient
voir pour tout agrément que du haut & du bas?
Auſſi pour ſatisfaire l’œil de l’entendement , les
meilleurs Autheurs ont eu l’adreſſe de ſemer
leurs Ouvrages de digreſſions agreables , pour
delaſſer l’eſprit. La prudence en cela , comme en
toute autre choſe , eſt un grand guide : & de
meſme que les digreſſions trop longues , & qui
emportent hors du Sujet , ſont impertinentes;
ainſi qui voudroit ſous pretexte de divertir les
yeux faire trouver dans un Tableau des varietez
qui alteraſſent la verité de l’Hiſtoire , feroit une
choſe tres-ridicule.

435. [*Auſſi bien que les choſes qui paroiſſent
eſtre faites avec Facilité.*] Cette Facilité attire
d’autant plus nos yeux & nos eſprits, qu’il eſt à
preſumer qu’un beau travail qui nous paroiſt facile , vient d’une main ſçavante & conſommée.
C’eſt dans cette Partie qu’Apelle ſe ſentoit plus
fort que Protogene , lors qu’il le blâmoit de ne
ſçavoir pas retirer ſa main de deſſus ſon Tableau , & de conſumer trop de temps à ſon Ouvrage : Et c’eſt pour cela qu’il diſoit hautement,
*Que ce qui portoit plus de prejudice aux Pein-
tres , eſtoit le trop d’exactitude , & que la pluſpart ne ſçavoient pas connoiſtre ce qui eſtoit*
Aſſez. Il eſt vray que cét *aſſez* eſt difficile à
connoiſtre. Ce qu’il y a à faire eſt , de bien penſer à voſtre Sujet , & de quelle maniere vous le
traiterez ſelon vos Regles & la force de voſtre
Genie , & en ſuite de travailler avec toute la Facilité & toute la promptitude dont vous ſerez

capable, fans vous rompre fi fort la tefte, & fans
eftre fi fort induftrieux à faire naiftre des difficultez dans voftre Ouvrage. Mais il eft impoffible d'avoir cette Facilité, fans poffeder parfaitement toutes les Regles de l'Art, & s'en eftre
fait une habitude : car la Facilité confifte à ne
faire precifement que l'Ouvrage qu'il faut, & à
mettre chaque chofe dans fa place avec promptitude : ce qui ne fe peut fans les Regles, qui
font des moyens affurez pour vous conduire, &
pour terminer vos Ouvrages avec plaifir. Il eft
donc certain, contre l'opinion de plufieurs, que
les Regles donnent de la Facilité, de la tranquillité & de la promptitude dans les efprits les plus
tardifs, & que ces mefmes Regles augmentent
& dirigent cette Facilité dans ceux qui l'ont déja
receuë d'une heureufe naiffance.

D'où il s'enfuit que l'on peut confiderer la Facilité de deux façons, ou fimplement, comme
une diligence & une promptitude d'efprit & de
main, ou comme une difpofition dans l'efprit
de lever promptement toutes les difficultez qui
fe peuvent former dans l'Ouvrage: La premiere
vient d'un temperament actif & plein de feu,
& l'autre d'une veritable Science & d'une pof-
feffion des Regles infaillibles ; celle-là eft
agreable, mais elle n'eft pas toujours fans inquietude, parce qu'elle fait égarer fouvent ; &
celle-cy au contraire fait agir avec un repos d'efprit & une tranquillité merveilleufe : car elle
nous affeure de la bonté de noftre Ouvrage:
c'eft beaucoup que d'avoir la premiere ; mais
c'eft le comble de la perfection de les avoir l'une
& l'autre, telle que les ont poffedées Rubens &
Vandeix, excepté la Partie du Deffein, qu'ils
ont trop negligée.

Ceux qui difent que les Regles bien loin de
donner de la Facilité, au contraire embaraffent
l'efprit & retiennent la main, font des gens pour
l'ordinaire qui ont paffé la moitié de leur vie
dans une mauvaife pratique, dont l'habitude eft
tellement inveterée, que de la vouloir changer
par les Regles, c'eft les mettre tout-d'un-coup
hors d'eftat de rien faire, de mefme que l'on ren-
droit muët un Païfan de quarante ans, lequel
on voudroit faire parler felon les Regles de la
Grammaire.

Remarquez, s'il vous plaift, que la Facilité &
la Diligence, dont je viens de parler, ne confi-
ftent pas à faire ce qu'on appelle des traits hardis, & à donner des coups de pinceau libres, s'ils
ne font un grand effet d'une diftance éloignée:
Cette forte de liberté eft plûtoft d'un Maiftre à
écrire que d'un Peintre. Ie dis bien davantage, il
eft prefque impoffible que les chofes peintes paroiffent vrayes & naturelles, quand on y remarque ces fortes de traits hardis: & tous ceux qui
ont le plus approché de la Nature, ne fe font
pas fervis de cette Maniere de peindre. Tous ces
cheveux filez & ces coups de pinceau qui forment des hachures, font à la verité admirables:
mais ils ne trompent pas la veuë.

¶ 442. [*Et que vous n'ayez prefent dans l'efprit*
l'effet de voftre Ouvrage.] Si vous voulez avoir
du plaifir en peignant, il faut avoir tellement
penfé à l'œconomie de voftre Ouvrage, qu'il
foit entierement fait & difposé dans voftre tefte,
avant qu'il foit commencé fur la toile: il faut,
dis-je, prevoir l'effet des Grouppes, le Fond, &
le Clair-Obfcur de chaque chofe, l'Harmonie
des Couleurs, & l'intelligence de tout le Sujet

en forte, que ce que vous mettrez fur la toile ne foit qu'une Copie de ce que vous avez dans l'ef-prit. Si vous vous fervez de cette conduite, vous n'aurez pas la peine de changer & rechanger tant de fois.

§ 445. [*Tirez voftre profit des Avis des Gens docles, & ne méprifez pas avec arrogance d'ap-prendre, &c.*] Parrafius & Cliton fe trouverent fort obligez à Socrate des Avis qu'il leur donna fur les Paffions. Voyez le Dialogue qu'ils font enfemble dans Xenophon fur la fin du 3. l. de fes Memoires. *Ceux qui fouffrent plus volontiers d'eftre repris* (dit Pline le Ieune) *, font ceux-là mefme en qui l'on trouve beaucoup plus à loüer qu'aux autres.* Lyfippus eftoit ravi qu'Apelle luy dift fon fentiment, comme Apelle recevoit celuy de Lyfippus avec plaifir. Ce que dit Pra-xitele de Nicias dans Pline, eft d'un efprit bien-fait & bien humble. *Praxitele interrogé lequel de tous fes Ouvrages il eftimoit le plus, ceux, dit-il, que Nicias a retouchez ; tant il faifoit cas de fa Critique & de fon Sentiment.* Vous fça-vez ce qu'Apelle faifoit quand il avoit achevé quelque Ouvrage. Il l'expofoit aux Paffans, & fe cachoit derriere, pour écouter fes deffauts, dans la pensée d'en profiter quand on les luy au-roit fait connoiftre, fçachant bien que le peu-ple les examineroit plus rigoureufement que luy, & ne pardonneroit pas la moindre faute.

Les Sentimens & les Confeils de plufieurs enfemble font toûjours preferables à l'Avis d'une feule perfonne ; & Ciceron s'étonne com-me il y en a qui s'enyvrent de leurs productiôns, & qui fe difent l'un à l'autre, *Hé bien, fi vos Ouvrages vous plaifent, les miens ne me dé-*

2. 20.

Sr. 2.

Tufc. l. 5.

plaisent pas. En effet, il y en a beaucoup qui par presomption, ou par honte d'estre repris, ne font pas voir leur Ouvrage : mais il n'y a rien de pire ; car *le vice se nourrit & s'augmente quand on le tient caché. Il n'y a que les fous* (dit Horace) *à qui la honte fait celer leurs ulceres, au lieu de les montrer, pour les faire guerir.*

Virg. 3. Georg.

L. 1. ep. 16.

Stultorum incurata malus pudor ulcera celat.

Il y en a d'autres qui n'ont pas tout-à-fait cette sotte pudeur, & qui demandent le sentiment d'un chacun avec prieres & avec instance : mais si vous leur dites ingenuëment leurs deffauts, ils ne manqueront pas aussi-tost d'en donner quelque mauvaise excuse, ou qui pis est, de vous sçavoir un fort mauvais gré du service que vous avez crû leur rendre, & qu'ils ne vous ont demandé que par grimace & par une certaine coûtume établie parmi la pluspart des Peintres. Si vous voulez vous mettre en quelque estime, & vous acquerir de la reputation par vos Ouvrages, il n'y en a pas un meilleur moyen, que de les faire voir aux personnes de bon sens, & principalement à ceux qui s'y connoissent, & recevoir leur avis avec la mesme douceur & la mesme sincerité que vous les avez priez de vous le dire. Vous devez mesme estre industrieux pour découvrir le sentiment de vos ennemis, qui est pour l'ordinaire le plus veritable : car vous devez estre asseuré qu'ils ne vous pardonneront pas, & qu'ils ne donneront rien à la complaisance.

¶ 448. [*Mais si vous n'avez pas d'Ami sçavant qui vous, &c.*] Quintilien en donne la raison, quand il dit, *Que le meilleur moyen de corriger ses deffauts, est sans doute de détourner*

pour

pour quelque temps de noſtre veuë nos Deſſeins
& nos Tableaux, afin qu'apres quelque intervalle nous les regardions avec des yeux frais, comme
un Ouvrage nouveau & ſorti d'une autre main
que de la noſtre. Nos Productions ne nous flatent toûjours que trop, & il eſt impoſſible de ne
les pas aimer au moment de leur naiſſance; ce
ſont des enfans dans un âge tendre, qui ne ſont
pas capables d'attirer noſtre haine. On dit que
les Singes, ſi-toſt qu'ils ont mis leurs petits au
monde, ont toûjours leurs yeux collez deſſus,&
ne ſçauroient ſe laſſer d'en admirer la beauté;
tant la Nature eſt amoureuſe de ce qu'elle
produit.

458. [*Afin de cultiver les talens qui font ſon*
Genie, & qu'il a, &c.]

Qui ſua metitur pondera; ferre poteſt.
Pour ne rien entreprendre au deſſus de ſes for-
ces, il faut s'étudier à les connoiſtre; c'eſt une
prudence de laquelle dépend noſtre reputation.
Ciceron l'appelle une bonne Grace; *parce qu'elle*
nous fait voir dans noſtre luſtre : Il dit, Que c'eſt   1. Off.
encore une bien-ſeance que nous ferons facile-
ment paroiſtre, ſi nous ſommes ſoigneux de cultiver ce que la Nature nous a donné comme en
propre, pourveu que ce ne ſoit pas un vice ou une
imperfection. Il ne faut rien entreprendre qui repugne à la Nature en general; & lors que nous
luy aurons rendu ce devoir, nous devons ſuivre
ſi religieuſement noſtre propre Naturel, qu'encore qu'il ſe preſente d'autres choſes plus ſerieuſes
& plus importantes, nous conformions toûjours
nos eſtudes & nos exercices à nos inclinations naturelles. Il ne ſert de rien de diſputer contre la
Nature, de penſer obtenir ce qu'elle refuſe, &

K

de *ſuivre éternellement ce qu'on ne peut jamais*
atteindre : car , comme dit le Proverbe , On ne
fait rien qui puiſſe plaire & qui ſoit bien-ſeant,
s'il eſt fait en depit de Minerve, c'eſt à dire , en
depit de la Nature. Apres avoir conſideré toutes
ces choſes avec attention , il faut que chacun re-
garde ce que la Nature luy a donné de particu-
lier, & qu'il le cultive ſoigneuſement. Il ne faut
pas qu'il ſe mette en peine d'éprouver s'il luy ſe-
ra bien-ſeant de ſe reveſtir du Naturel d'autruy,
& , pour ainſi dire , de repreſenter le perſonnage
d'un autre. Il n'y a rien qui nous convienne mieux
que ce qui nous eſt particulierement donné de la
Nature. Que chacun connoiſſ: donc ſon eſprit, &
que ſans ſe flater, il juge luy-meſme de ſes ver-
tus & de ſes vices, afin qu'il ne ſemble pas qu'il
ait moins de prudence & de jugement que les Co-
mediens, qui ne choiſiſſent pas toûjours les meil-
leures pieces , mais celles qui leur ſont les plus
propres & qu'ils pourront mieux repreſenter.
Ainſi nous devons nous arreſter aux choſes pour
leſquelles nous avons plus d'inclination; & s'il
arrive quelque-fois que la neceſſité nous contrai-
gne de nous appliquer à celles à quoy nous ne ſom-
mes pas enclins , il faut faire en ſorte par nos
ſoins & par noſtre induſtrie, que ſi nous ne les
faiſons pas fort bien , du moins nous ne les faſ-
ſions pas ſi mal , que nous en recevions de la hon-
te. Il ne faut pas tant s'efforcer de faire paroiſtre
en nous les vertus que nous n'avons pas , qu'il
faut eviter les imperfections qui nous pourroient
des-honorer. Ce ſont là les ſentimens & les paro-
les de Ciceron, *que je n'ay fait que traduire en*
retranchant ſeulement ce qui ne ſervoit de rien
au Sujet: *Ie n'ay pas crû y devoir rien adjoûter;*

& l'esprit du Lecteur y trouvera sans doute de quoy se satisfaire.

464. [*En meditant sur ces veritez, en les observant soigneusement ; &c.*] Il y a grande liaison de ce Precepte à cét autre qui dit, *Qu'aucun jour ne se passe sans tirer quelque ligne.* Il est impossible d'estre habile homme sans se faire une habitude de son Art, & il est impossible d'acquerir une parfaite habitude sans une infinité d'actes & sans pratiquer continuellement. Dans tous les Arts les Preceptes s'apprennent en tres-peu de temps; mais la perfection ne s'acquiert que par une longue pratique & par une severe diligence. *Nous n'avons encore jamais veu que la paresse nous ait produit rien de beau* (dit Maxime de Tyr) & Quint. dit, *Que les Arts tirent leurs commencemens de la Nature, le besoin que l'on en a fait que l'on cherche les moyens de s'y rendre habile, & l'exercice les perfectionne entierement.*

Diss. 12.

467. [*La plus belle & la meilleure partie de nos jours est celle du matin ;*] Parce que l'Imagination n'est pas offusquée par les vapeurs des viandes, ny distraite par les visites qui ne se font pas ordinairement le matin, & que l'esprit par le sommeil de la nuit se trouve frais & delassé de la fatigue de l'estude. Malherbe dit fort bien à propos de cecy,

Le plus beau de nos jours est dans leur matinée.

469. [*Qu'aucun jour ne se passe sans tirer quelque ligne;*] C'est à dire, sans travailler, sans dôner quelque coup de pinceau ou de crayon. Ce Precepte est d'Apelle ; & il est d'autant plus necessaire, que la Peinture est un Art de longue haleine, & qui ne s'apprend qu'à force de prati-

quer. Michelange à l'âge de quatre-vingt ans
difoit qu'il apprenoit tous les jours.

¶ 472. [*Soyez prompt à mettre sur vos Tablettes, &c.*] Comme ont fait le Titien & les Caraches. L'on voit entre les mains des Curieux de
Peinture quantité d'Estudes & de Remarques
que ces grands Hommes ont faites sur des feüilles, & sur des Livres en Tabletes qu'ils portoient
toûjours sur eux.

¶ 475. [*La Peinture ne se plaist pas trop dans
le vin, ny dans la bonne chere, si ce n'est, &c.*]
*Pendant le temps que Protogene travailla à son
Ialisus, qui estoit le plus beau de tous ses Tableaux, il ne prit pour toute nourriture que des*
* *legumes dans un peu d'eau, qui luy servoient
de boire & de manger, de peur de suffoquer l'i-
magination par la delicatesse des viandes.* Michelange ne prit que du pain & du vin à son dis-
ner tant que dura l'Ouvrage de son Iugement
universel : & Vasari remarque dans sa vie, qu'il
estoit si sobre, qu'il ne dormoit que tres-peu, &
qu'il se levoit souvent la nuit pour travailler,
n'en estant point empesché par les vapeurs des
viandes.

¶ 479. [*Mais dans la liberté du Celibat.*] On
ne voit jamais des fruits d'une beauté fort grande ny d'un goust fort exquis, lesquels viennent
d'un arbre entouré de broussailles & d'épines.
Le Mariage nous attire des affaires, nous fait
naistre des procez, & nous charge de mille soins
domestiques, qui sont autant d'épines qui envi-
ronnent le Peintre, & qui l'empeschent de produire des Ouvrages dans la perfection dont il seroit capable. Raphaël, Michelange, & Annibal Carache ne se sont jamais mariez ; & de

Pl. 35. 10.

* Des Lupins
détrempez. Il y
a dã. l'original,
*Lupinos ma-
didos.*

tous les Peintres de l'Antiquité on ne voit pas
dans les Autheurs qu'aucun ait pris de femme, ſi
ce n'eſt Apelle, à qui le Grand Alexandre fit
preſent de Campaſpe ſa Maiſtreſſe. Ce qui ſoit
dit ſans conſequence du Sacrement de Mariage,
qui attire beaucoup de benedictions dans les Fa-
milles par les ſoins d'une bonne femme. Si le
Mariage eſt un remede contre la concupiſcence,
il l'eſt doublement à l'égard des Peintres, qui
ſont plus ſouvent dans les occaſions du peché
que d'autres, à cauſe du beſoin qu'ils ont de voir
le Naturel. Que chacun examine ſes forces là-
deſſus, & qu'il prefere l'intereſt de ſon Ame à
celuy de ſon Art & de ſa fortune.

¶ 480. [*Elle s'éloigne autant qu'elle peut du*
bruit & du tumulte, pour, &c.] J'ay dit ſur la fin
de la premiere Remarque, que la Peinture & la
Poëſie eſtoient l'une & l'autre appuyées ſur les
forces de l'Imagination : Or il n'y a rien qui l'é-
chauffe davantage que le repos & la ſolitude;
parce que dans cét eſtat l'eſprit eſtant vuide de
toutes ſortes d'affaires, & à couvert de l'embaras des viſites incommodes, il eſt plus capable
de former de belles penſées, & de s'y appliquer.

Carmina ſeceſſum Scribentis & otia quærunt.
La Poëſie demande le repos & la retraite. **On**
en peut fort bien dire autant de la Peinture, par
la conformité qu'elle a avec la Poëſie, comme
je l'ay fait voir dans la premiere Remarque.

¶ 484. [*Que les avares ſoins de devenir ri-*
ches ne vous, &c.] On voit dans Pline que
Nicias refuſa * cent mille livres du Roy ⟨* Soixante Talens.⟩
Attalus, & qu'il aima mieux donner ſon Ta-
bleau à ſa Patrie. *J'ay demandé à un homme*
de grande prudence (dit un Autheur grave) *en* ⟨Arbiter.⟩

K iij

quel temps avoient esté faits les beaux Tableaux
que nous voyons, & qu'il m'expliquast quelques-
uns de leurs Sujets que je n'entendois pas tout-à-
fait bien. Ie luy demanday aussi la cause de cette
grande negligence que l'on remarque presente-
ment dans les Ouvriers, & d'où vient que les
plus beaux Arts estoient ensevelis, & principalement la Peinture, dont on ne voit presente-
ment que l'ombre. A quoy il me répondit, Que
le desir immoderé des richesses avoit donné lieu à
ce changement : car anciennement que la vertu
toute nuë avoit des charmes, les beaux Arts
estoient dans leur vigueur; & s'il y avoit quelque
debat entre les hommes, c'estoit à qui découvri-
roit le premier quelque chose qui fust utile à la
posterité. Lysippe & Miron, ces illustres Sculpteurs, qui sceurent donner une ame à la bronze,
ne trouverent point d'heritiers apres leur mort;
parce qu'ils furent plus soigneux de s'acquerir de
la gloire que de l'argent. Mais pour nous autres,
il semble par nostre conduite que nous repro-
chions à l'Antiquité d'avoir esté trop avide de
la vertu, comme nous le sommes du vice. Ne
vous étonnez donc pas tant si la Peinture a perdu ses forces & sa vigueur; puisque les hommes
trouvent une masse d'or plus belle cent fois que
tout ce qu'a fait Apelle & Phidias, & tout ce
que la Grace a produit de plus beau. Ie ne de-
manderois pas cette grande severité parmi nos
Peintres : car je sçay que l'esperance du gain est
un merveilleux aiguillon dans les Arts, & qu'elle donne de l'industrie; d'où vient que Iuvenal
dit des Grecs mesme, qui ont esté les Inventeurs
de la Peinture, & qui en ont les premiers connu
toutes les Graces & la perfection.

Græculus esuriens in Cœlum, jusseris, ibit.

Mais je voudrois que cette mesme esperance en
les flatant ne les corrompist point, & ne fust pas
capable de leur tirer des mains un Ouvrage im-
parfait & mal arresté, pour avoir esté fait trop
à la haste & sans reflexion.

§ 487. [*Les qualitez, &c.*] Dans la verité il
y en a bien peu qui ayent les qualitez que nostre
Autheur demande ; aussi y a-t'il bien peu d'habiles Peintres. Il n'estoit autre-fois permis qu'aux
Nobles d'exercer la Peinture ; parce qu'il est à
presumer que toutes ces qualitez ne se rencontrent pas ordinairement parmi des gens de basse
naissance ; & l'on peut apparamment esperer
que s'il n'y a point d'Edit en France qui oste la
liberté de peindre à ceux à qui la naissance a re-
fusé un sang noble, du moins que l'Academie
Royale n'admettra d'orenavant que ceux à qui
toutes les bonnes qualitez & tous les talens necessaires pour la Peinture tiendront lieu de naissance. Il est certain que ce qui avilit la Peinture,
& ce qui la fait descendre jusqu'à la bassesse des
Mestiers les plus méprisables, est le grand nombre de Peintres qui n'ont ny esprit ny talent, &
quasi pas mesme de sens commun. L'origine de
ce grand mal est que l'on a toûjours admis dans
les Ecoles de Peinture toute sorte d'enfans indif-
feramment, sans les examiner & sans observer
durant quelque temps s'ils sont conduits à ce
bel Art par la disposition de leur esprit & par les
talens necessaires, plûtost que par une folle inclination ou par l'avarice de leurs parens, qui les
mettent dans la Peinture comme dans un Mé-
tier qu'ils croyent peut-estre un peu plus lucratif
qu'un autre. Ces qualitez sont, d'avoir

LE IUGEMENT BON, pour ne rien faire contre la raison & la vraye-semblance.

L'ESPRIT DOCILE, pour profiter des enseignemens, & pour recevoir sans arrogance le sentiment d'un chacun, & principalement des gens éclairez.

LE CŒUR NOBLE, pour avoir plûtost en veüe la gloire & la reputation que les richesses.

LE SENS SUBLIME, pour concevoir promptement, pour produire de belles Idées, & pour traiter les Sujets d'une maniere haute, où l'on puisse remarquer du fin, du delicat, & du precieux.

DE LA FERVEUR, pour arriver au moins jusqu'à certain degré de perfection, sans se lasser des études que demande la Peinture.

DE LA SANTE', pour resister à la dissipation des esprits, qui se fait dans l'application.

DE LA IEUNESSE, parce que la Peinture demande beaucoup d'experience & de pratique.

DE LA BEAUTE', parce que le Peintre se peint toûjours dans ses Tableaux, & que la Nature aime à produire son semblable.

LA COMMODITE' DES BIENS, pour avoir tout le temps d'étudier & de travailler en repos, sans estre troublé de l'image affreuse & terrible de la pauvreté.

LE TRAVAIL, parce que la Theorie n'est rien sans la pratique.

L'AMOUR POUR SON ART. Nous ne souffrons jamais dans le travail que nous aimons; & s'il arrive que nous y souffrions, nous y aimons la peine.

ET D'ESTRE SOUS LA DISCIPLINE D'UN SÇAVANT MAISTRE; parce que

tout dépend quafi des commencemens, & qu'ordinairement l'on prend la Maniere de fon Maiftre., & que l'on fe fait à fon gouft. Voyez le
Vers 422. & la Remarque que j'ay faite deffus.

Toutes ces belles qualitez feront ingrates &
comme inutiles au Peintre, fi les difpofitions
exterieures n'y répondent, je veux dire, le temps
favorable, comme eft celuy de la Paix, qui eft
la Nourrice des beaux Arts. Il faut encore l'occafion, pour faire voir par quelque Ouvrage
confiderable ce que l'on fçait faire, & un Prote-
cteur qui foit une perfonne d'authorité, qui
prenne en quelque façon le foin de noftre fortune, & qui fçache dire du bien de nous en temps
& lieu. *Il importe beaucoup* (dit Pline le Ieune)   C. 1L.
*en quel temps la vertu paroiffe, & il n'y a point
d'efprit, quelque beau qu'il foit, qui puiffe tout
d'un coup fe faire connoiftre : il faut pour cela le
temps, l'occafion, & une perfonne qui nous aide
de fa faveur, qui nous protege & nous ferve de
Mœcenas.*

¶ 496. [*Et la vie eft fi courte, qu'elle ne fuffit
pas pour un Art de fi longue haleine.*] Non feu-
lement la Peinture, mais tous les Arts confide-
rez en eux-mefmes demandent un temps prefque infini, pour les poffeder parfaitement. C'eft
dans ce fens là qu'Hyppocrate commence fes
Aphorifmes, en difant, *Que l'Art eft long, &
la vie courte* : Mais fi nous confiderons les Arts
comme ils font en nous-mefmes & felon certain
degré de perfection, fuffifant pour faire voir
que nous les poffedons au deffus du commun,
nous ne trouverons pas que la vie foit trop courte, pourveu que nous en voulions employer le
temps. Il eft vray que la Peinture eft un Art dif-

ficile & d'une grande entreprife : mais il ne faut
pas pour cela que ceux qui ont les talens neceffaires fe rebutent & perdent courage. *Le travail*

Vegetius de re
militari l. 3. *paroift toûjours difficile avant qu'on en ait effayé.*
On a trouvé comme impoffible le paffage des
mers & la connoiffance des Aftres, dont neantmoins on eft venu facilement à bout par l'expe-

L. 1. de Fin. rience. *Il eft honteux* (dit Ciceron) *de fe laffer en
cherchant, quand ce que l'on cherche eft une belle
chofe.* Ce qui nous fait perdre plus de temps eft
la repugnance que nous avons pour le travail, &
l'ignorance, la malice, & la negligence de nos
Maiftres. Nous en confumons une grande partie à nous promener, à caufer inutilement, à
faire des vifites ou à les recevoir, nous en donnons au jeu & à tous les plaifirs qui nous flatent,
fans compter celuy que nous perdons dans le
trop grand foin que nous avons de noftre corps,
& dans le fommeil que nous prolongeons quelque-fois bien avant dans le jour: & nous paffons
ainfi la vie que nous trouvons courte; parce que
nous comptons plûtoft les années que nous
avons vefcu, que celles que nous avons employées à l'étude. Il a bien fallu que ceux qui
ont efté devant nous ayent franchi toutes les difficultez pour venir dans la perfection que nous
montrent leurs Ouvrages, encore qu'ils n'ayent
pas eu tous les avantages que nous avons, & que
perfonne n'ait travaillé pour eux, comme ils ont
fait pour nous. Car il eft conftant que les Maiftres de l'Antiquité & ceux des derniers fiecles
nous ont laiffé tant de beaux Exemplaires, qu'on
ne peut pas voir un âge plus heureux que le noftre, & principalement fous le Regne de noftre
Roy, qui flate tous les beaux Arts, & qui n'é-

pargne rien pour leur faire part de la felicité dont il comble son Empire, & pour les conduire avantageusement jusqu'à un suprême degré d'excellence, qui soit digne de sa Majesté & du souverain amour qu'il leur porte. Mettons donc la main à l'œuvre, sans nous intimider de l'espace du long-temps que peut demander l'étude. Mais songeons bien serieusement à y tenir un bon ordre, & à suivre une methode prompte, diligente & bien entenduë.

¶ 500. [*Courage donc chers Enfans de Miner-ve, qui estes nez sous l'influence d'un Astre benin.*] Nostre Autheur ne pretend pas semer icy en terre ingrate, où ses Preceptes ne feroient aucun fruit. Il parle aux jeunes Peintres ; mais seulement à ceux *qui sont nez sous l'influence d'un Astre benin* : c'est à dire, à qui la naissance a donné les dispositions necessaires, pour devenir habiles : & non pas à ceux qui embrassent la Peinture par caprice, par une folle inclination, ou par interest; & qui ne sont pas capables de recevoir des Regles, ou qui en feront un mauvais usage apres les avoir receuës.

¶ 509. [*Pour bien faire, &c.*] Nostre Autheur ne parle point icy des premiers commencemens du Dessein, comme du maniement du crayon, du juste rapport que doit avoir la Copie avec son Original, &c. Il suppose devant que de commencer ses études, que l'on doit avoir une facilité dans la main, pour imiter les beaux Desseins, les beaux Tableaux, & la ronde bosse; que l'on doit enfin s'estre fait un Clef du Dessein, pour entrer chez Minerve, où toutes les belles choses se trouvent en abondance, & s'offrent à nous, pour en profiter selon nos soins & nostre Genie.

¶ 509. [*Vous commencerez par la Geometrie.*]
parce que c'eſt le fondement de la Perſpective,
ſans laquelle vous ne pouvez rien faire en Peinture. La Geometrie eſt encore tres-utile pour
l'Architecture & pour tout ce qui en dépend.
Elle eſt ſpecialement neceſſaire aux Sculpteurs.

¶ 510. [*Mettez-vous à deſſeigner d'apres les
Antiques Grecques ;*] parce qu'elles ſont la Regle de la Beauté, & qu'elles nous donnent le bon
gouſt. Il eſt donc fort à propos, generalement
parlant, de s'y attacher : mais en particulier
voicy le fruit que je voudrois que l'on en tiraſt.

Apprendre par cœur quatre airs de teſte,
d'homme, de femme, d'enfant, & de vieillard,
je veux dire, celles qui ont l'approbation la plus
generale : par exemple, celles d'Apollon, de la
Venus de Medicis, du petit Neron & du Tibre.
Ce ſeroit un bon moyen de les apprendre, ſi en
ayant deſſeigné une d'apres la boſſe, on la deſſei-
gnoit incontinent apres ſans rien voir, exami-
nant enſuite ſi elle eſt conforme au premier
Deſſein ; s'exerçant ainſi ſur une meſme teſte, en
la tournant de dix ou douze coſtez. Il faudra faire la meſme choſe pour des pieds, des mains, &
enſuite pour des Figures toutes entieres ; mais
pour connoiſtre la beauté de ces Figures & la
juſteſſe de leurs Contours, il faut neceſſairement
ſçavoir l'Anatomie. Quand je parle de quatre
teſtes & de quatre Figures, je ne pretens pas empeſcher que l'on n'en deſſeigne quantité d'autres
apres cét étude ; mais je veux ſeulement montrer
par-là, qu'une grande varieté de choſes en meſme temps diſſipe l'imagination & empeſche tout
le profit, de meſme que la trop grande diverſité
de viandes ne ſe digere pas facilement, elle ga-

ste l'estomac au lieu de nourrir les parties.

§ 511. [*Et ne vous donnez point de relasche ny jour ny nuit, qu'auparavant, &c.*] Dans les premiers principes les Etudians n'ont pas tant besoin de Preceptes comme de Pratique ; & les Antiques estant la Regle de la Beauté, l'on peut s'exercer à les imiter, sans qu'il y ait rien à craindre du costé des mauvaises habitudes & des mauvaises idées qui se peuvent former dans un jeune esprit. Ce n'est pas comme dans l'Ecole d'un Maistre dont la Maniere & le goust sont mauvais, & chez lequel un Ieune-homme se gaste d'autant plus qu'il s'exerce.

§ 513. [*Et ensuite, lors que le Iugement se sera fortifié, & sera, &c.*] On a besoin d'avoir l'esprit formé & le jugement mur, pour faire l'application de ses Regles sur les bons Tableaux, & pour n'en prendre que le bon : car il y en a qui s'imaginent que tout ce qui se trouve dans le Tableau d'un Maistre qui a de la reputation, doit estre bon ; & ces gens-là ne manquent jamais en copiant de s'attacher aux mauvaises choses comme aux bonnes, de les remarquer d'autant plus qu'elles leur paroissent extraordinaires, & ensuite de s'en faire une Loy & un Precepte. Il ne faut pas aussi en prendre le bon d'une maniere cruë & grossiere, en sorte que l'on reconnoisse dans vos Ouvrages que ce qui y est de plus beau, vient d'apres un tel Maistre : Mais imitez en cecy les abeilles, qui vont dans les campagnes cueillir de chaque fleur ce qu'elles en trouvent de plus propre pour en faire le miel. Ainsi il faut que le jeune Peintre ramasse de plusieurs Tableaux ce qu'il en trouvera de meilleur, & que de tout cela il se forme une Maniere qui luy soit propre.

¶ 520. [*Vne certaine Grace qui luy eſtoit toute particuliere.*] Raphaël eſt comparable en cela à Apelle, qui en loüant les Ouvrages des autres, diſoit, que cette Grace leur manquoit, & qu'il voyoit bien qu'il n'y avoit que luy ſeul qui l'euſt en partage. Voyez la Remarque ſur le 218ᵐᵉ Vers.

¶ 522. [*Iules Romain élevé dés ſon enfance dans le Païs des Muſes.*] Il veut dire dans les Lettres humaines, & principalement dans la Poëſie, qu'il aimoit extremement. Il ſemble qu'il ait formé ſes idées, & ſe ſoit fait le gouſt dans la lecture d'Homere ; & en cela il auroit imité Polignote & Zeuxis, leſquels (au rapport de Maxime de Tyr) traitoient leurs Sujets dans leurs Tableaux, comme Homere dans ſa Poëſie.

Voyez à la ſuite de ces Remarques les Sentimens de noſtre Autheur ſur les principaux & les meilleurs Peintres du Siecle precedent ; il en dit ingenuëment & en peu de mots le fort & le foible.

¶ 541. [*Ie paſſe ſous ſilence beaucoup de choſes que vous apprendrez dans le Commentaire.*] L'on voit par là combien nous perdons & le prejudice que nous fait la mort, cette envieuſe du bon-heur des hommes ; puiſque ces Commentaires auroient ſans doute contenu de tres-bonnes choſes & fort inſtructives.

¶ 544. [*Donner en garde aux Muſes ;*] c'eſt à dire, d'écrire en Poëſie, laquelle eſt ſous leur protection, & leur eſt conſacrée.

*   *   *
*   *   *   *
*   *
*

SENTIMENS

DE CHARLES ALPHONSE

DV FRESNOY

SUR LES OUVRAGES

des principaux & des meilleurs Peintres
des derniers Siecles.

A PEINTVRE a esté dans sa perfection chez les Grecs. Ses principales Ecoles estoient à Sicyone, puis à Rodes, à Athenes & à Corinthe ; puis enfin à Rome. Les guerres & le luxe ayant dissipé l'Empire Romain, elle s'éteignit entierement avec tous les beaux Arts, les belles Lettres, & le reste des autres Sciences. Elle recommença à paroistre en 1450. parmi quelques Peintres Florentins, entre lesquels DOMENICO GHIRLANDAI, *Maistre de Michelange*, eut quelque nom, quoy que sa Maniere fust Gottique & tres-seiche.

MICHELANGE, son Disciple, parut du temps de Iules II. Leon X. Paul III. & jusques à huit Papes suivans. Il fut Peintre, Sculpteur & Architecte civil & militaire. Le choix qu'il a fait des Attitudes n'a pas toûjours esté excellent ny agreable : Son goust de desseigner ne se peut pas dire des plus fins, ny ses Con-

tours des plus élegans. Ses plis ny ses accommodemens
ne font pas bien beaux ny gracieux ; il eſt aſſez bigeare
& extravagant dans ſes compoſitions, temeraire & har-
di pour prendre des licences contre les Regles de Perſpective. Son Coloris n'eſt pas fort vray, ny plaiſant. Il
a ignoré l'Artifice du Clair-Obſcur. Il a deſſeigné le
plus doctement, & a mieux ſçeu tous les attachemens des
os, la fonction & la ſituation des muſcles, qu'aucun
Peintre que nous ayons d'entre les Modernes. Il a une
certaine grandeur & ſeverité dans ſes Figures, qui luy
a réüſſi en beaucoup d'endroits. Mais ſur tout il a eſté
le plus grand Architecte qui ſe retrouve de noſtre connoiſſance, ayant paſſé meſme les Anciens : Saint Pierre
de Rome, Saint Jean de Florence, le Capitole, le Palais Farneſe, & ſa Maiſon en font foy. Ses Diſciples
furent, Marcel Venuſte, André de Vattere, le Roſſe,
George Vaſare, Fra Baſtian lequel peignoit ordinairement pour luy, & quantité d'autres Florentins.

PIERRE PERVGIN a deſſeigné avec aſſez
d'intelligence du Naturel, mais ſec & aride & de petite Maniere. Il a eu pour Diſciple

RAPHAEL SANTIO, lequel nâquit le
Vendredy Saint de l'année 1483. & mourut le meſme
jour de Vendredy Saint l'année 1520. de ſorte qu'il n'a
veſcu que trente-ſept ans. Il a ſurpaſſé tous les Peintres
modernes, pour avoir eu plus de Parties excellentes toutes à la fois, & l'on croit qu'il a égalé les Anciens, à la
reſerve qu'il n'a pas deſſeigné le Nud ſi doctement que
Michelange : mais ſon Gouſt de deſſeigner eſt bien plus
pur & meilleur : il n'a pas peint de ſi bonne, de ſi pleine, & de ſi gracieuſe Maniere que le Correge, ny n'a
point eu un Contraſte de Clair-Obſcur & de Couleurs
fier & ſi débroüillé que le Titien : mais il a mieux diſpoſé ſans comparaiſon que Titien, que le Correge, que
Michelange, & que tous les autres Peintres qui ſont

venus

depuis. Son élection d'Attitudes, de testes, & d'ornemens, ses accommodemens de Draperies, sa Maniere
de desseigner, ses Varietez, ses Contrastes, ses Expres-
sions ont esté parfaitement belles : mais surtout il a pos-
sedé les Graces avec tant d'avantage, que nous ne voyons
pas que personne en approche. Il se voit des Portraits de
luy tres-bien traitez. Il a esté excellent Architecte. Il a
esté beau & de belle taille, civil & bien-faisant, ne re-
fusant à personne de montrer ce qu'il sçavoit. Il a eu
plusieurs Disciples, entr'autres Jules Romain, Polidor,
Gaudens, Jean d'Vdine, & Michel Coxis. Son Graveur a esté Marc Antoine, dont les Estampes sont admirables pour la correction des Contours.

JVLES ROMAIN fut le plus excellent de
tous les Disciples de Raphaël ; il a eu mesme des concep-
tions plus extraordinaires, plus profondes & plus relevées que son Maistre. Il fut aussi grand Architecte,
d'un Goust pur & net : grand imitateur des Anciens, té-
moignant partout ce qu'il a produit, qu'il eut bien voulu
remettre en usage les mesmes Formes & Fabriques qui
estoient aux Siecles passez. Il a eu le bon-heur de trouver des personnes puissantes qui luy ont donné créance
pour des Edifices des Vestibules & des Portiques tous te-
trastiles, Xistes, Theatres, & autres tels lieux, que
nous n'avons plus en usage. Il a eu l'élection des Attitudes merveilleuses. Sa Maniere a esté la plus dure &
la plus seche de toute l'Ecole de Raphaël. Il n'a pas fort
bien entendu le Clair-Obscur, non plus que la Couleur.
Il est rigide & mal-gracieux en plusieurs endroits. Les
plis de ses Draperies ne sont ny beaux, ny grands, ny
faciles, ny naturels ; mais tous imaginaires & qui donnent un peu dans les habits des méchans Comediens. Il
a esté tres-sçavant dans les belles Lettres. Ses Disciples
sont Pirro Ligorio, admirable pour les Fabriques Antiques, comme pour les Villes, les Temples, les Tombeaux,
les Trophées, & la Situation de tous les Edifices An-

ciens; *Eneas Vico*, *Bonasone*, *George Mantuan*, &
autres.

POLIDOR, Disciple de Raphaël, a merveilleusement desseigné de pratique, ayant un Genie particulier pour les Frises, comme on le voit par celles de blanc
& noir qu'il a peintes à Rome. Il a imité l'Antique, mais
d'une Maniere plus grande que Jules Romain; toutes-
fois Jules semble estre plus vray. Il se trouve dans ses
Ouvrages des Grouppes admirables, & tels qu'il ne s'en
voit point de semblables autre-part. Il a colorié fort rarement; & il a fait des Païsages d'assez bon Goust.

A Venise *JEAN BELLIN*, l'un des pre-
miers qui fut consideré, peignit extremement sec, selon
la maniere de son temps. Il sceut fort bien l'Architecture & la Perspective. Il fut le premier Maistre de Titien, comme il se voit aux premiers Ouvrages de cét illu-
stre Disciple, dans lesquels on remarque une propreté de
Couleurs telle que son Maistre l'a observée.

Environ ce temps-là Georgion, contemporain de Titien, vint à exceller pour les Portraits & pour les grands
Ouvrages. Ce fut luy qui commença à faire élection des
Couleurs fieres & agreables, dont on vit ensuite la perfection & l'entiere harmonie dans les Tableaux de Titien. Il accommoda tres-bien les Figures, & l'on peut
dire que sans luy on n'auroit point veu Titien à un si
haut degré, à cause de l'émulation & de la jalousie qui
estoit entr'eux deux.

LE TITIEN a esté l'un des plus grands Colo-
ristes qui ayent esté au monde. Il a desseigné avec beaucoup plus de facilité & de pratique que le Georgion. Il
se voit des femmes & des enfans de luy admirables de
Dessein & de Couleur, le Goust en estant delicat, mi-
gnon, noble, avec une certaine negligence agreable de
coiffures, de Draperies, & d'accommodemens qui luy
sont tous particuliers. Pour des Figures d'hommes, il ne
les a pas des mieux desseignées; il y a mesme quelques

Draperies de luy qui font un peu triftes & de petit Gouft.
Sa Peinture eft extremement fiere, fuave & precieufe.
Il a fait les Portraits merveilleufement beaux, les Attitudes en eftant tres-belles, graves, variées, & ornées
d'une façon tres-avantageufe. Perfonne n'a jamais fait
le Païfage de fi grande Maniere, de fi bonne Couleur,
ny qui fit voir tant de verité. Il copia huit ou dix ans
durant à toute rigueur tout ce qu'il faifoit, afin de fe faire un chemin facile, & de s'établir des Maximes generales. Outre cét excellent Gouft de Couleur, qu'il a eu
par deffus les autres, il a fceu parfaitement donner à
chaque chofe les touches qui leur eftoient convenables,
qui les diftinguoient les unes des autres, & qui leur don-
noient plus d'efprit & plus de verité. Les Tableaux
qu'il a faits au commencement & fur le declin de fa
vie, font de Maniere feiche & menuë. Il a vefcu cent
moins un an. Ces Difciples furent Paul Veronefe, Iac-
ques Tintoret, Facques Dupont Baßan, & fes freres.
PAVL VERONESE a efté tres-gracieux dans
fes Airs de femmes, avec une grande diverfité de Draperies luifantes & une vivacité & facilité incroyables:
toutefois fa Compofition eft barbare, & fon Deffein n'eft
point correct; mais le Coloris & tout ce qui en dépend eft
fi admirable dans fes Tableaux, qu'il furprend d'a-
bord, & fait oublier les autres Parties qui y manquent.
TINTORET, Difciple de Titien, grand Def-
feignateur Praticien, & quelque-fois grand Strapaffon,
avoit un Genie admirable pour la Peinture, s'il y euft
autant mis d'affection & de patience comme il y avoit
de feu & de vivacité: Il a fait des Tableaux qui n'ont
pas moins de beauté que ceux de Titien: Sa Compofition
& fes accommodemens font barbares pour l'ordinaire,
& fes Contours ne font pas bien purs. Son Coloris &
tout ce qui en dépend eft admirable.
LES BASSANS ont eu en Peinture un Gouft
plus pauvre & plus miferable que le Tintoret, & ont

encore moins deſſeigné que luy. Ils ont eu un excellent
Gouſt de Couleurs, & ont touché les Animaux de tres-
bonne Maniere ; mais ils ont eſté fort barbares dans la
Compoſition & dans le Deſſein.

A Parme LE CORREGE a peint deux grandes
Couples à freſque & quelques Tableaux d'Autel. Ce
Peintre a eu pour des Vierges, des Saintes & des Enfans certaines naïvetez gracieuſes, qui luy ont eſté particulieres. Sa Maniere eſt tres-grande & de Deſſein, &
de Travail, quoy que ſans corrrection. Son Pinceau eſt
des plus agreables & des plus faciles ; & l'on peut dire
qu'il a peint avec une force, un relief, une douceur &
une vivacité de Couleurs, qu'il ne ſe peut rien davantage. Il a ſceu diſtribuer ſes Lumieres d'une façon toute
particuliere, & qui donne une grande force & une grande rondeur à ſes Figures. Cette Maniere conſiſte à
étendre la Lumiere large, & à la faire perdre inſenſiblement dans les Bruns qu'il a placez hors des Maſſes,
& qui leur donne une grande rondeur, ſans que l'on s'ap-
perçoive d'où procede une ſi grande force & une ſi grande ſatisfaction à la veuë ; il ſemble en cela avoir eſté
ſuivi des autres Lombards. Il n'a point eu l'élection des
belles Attitudes, ny la diſtribution des beaux Grouppes. Son Deſſein ſe trouve ſouvent eſtropié, & les Po-
ſitions n'y ſont pas beaucoup obſervées. Les Aſpects de
ſes Figures ſont déplaiſans en beaucoup d'endroits : mais
ſa Maniere de deſſeigner les teſtes, les mains, les pieds
& autres Parties, eſt tres-grande, & bonne à imiter.
Pour conduire & finir un Tableau, il a fait des miracles ; car il a peint avec tant d'union, que ſes plus grands
Ouvrages paroiſſent avoir eſté faits en un ſeul jour, &
ſemblent eſtre veus comme dans un miroir. Son Païſage
eſt beau à proportion de ſes Figures.

En ce meſme temps eſtoit LE PARMESAN,
lequel outre ſa grande Maniere de bien colorier, a eſté
excellent pour l'Invention & pour le Deſſein ; avec un

Genie plein de gentilleſſe & d'eſprit, n'ayant rien de barbare dans ſon choix d'Attitudes & dans les accommodemens de ſes Figures : ce qui ne ſe pourroit pas dire du Correge. Il ſe voit de luy de tres-belles choſes & bien correctes.

Ces deux Peintres eurent de tres-bons Diſciples; mais il n'y a que ceux du Païs qui les connoiſſent, encore n'y a-t'il pas grande aſſeurance à ce qu'ils en diſent; car la Peinture y eſt éteinte entierement.

Je ne dis rien de Leonard de Vinci : parce que je n'en ay veu que tres-peu de choſes, quoy qu'il aye réveillé les Arts à Milan, & y ait fait pluſieurs Diſciples.

LOVIS CARACHE, oncle d'Annibal & frere d'Antoine, étudia à Parme d'apres le Correge, & excella dans le Deſſein & dans le Coloris avec une grace & une candeur que le Guide, Diſciple d'Annibal, imita enſuite avec beaucoup de ſuccés. Il ſe voit des Tableaux de luy tres-beaux & tres-bien conduits. Il faiſoit ſa reſidence ordinaire à Bologne, & ce fut luy qui mit le crayon dans les mains d'Annibal ſon néveu.

ANNIBAL paſſa bien-toſt ſon Maiſtre en toutes les Parties; il a contrefait le Correge, le Titien, & le Raphaël en differens Tableaux quand il a voulu, excepté que l'on n'y voit point la Nobleſſe, les Graces & la Delicateſſe de Raphaël, & que ſes Contours ne ſont pas ſi purs ny ſi élegans : du reſte il eſt fort accompli & fort univerſel. Sa Maniere de deſſeigner & de peindre eſt grande & excellente, poſſedant puiſſamment ce qu'il ſçavoit avec un Genie admirable.

AVGVSTIN, frere d'Annibal, a eſté auſſi fort bon Peintre & Graveur tres-excellent. Il eut un baſtard nommé ANTOINE, qui mourut à 23. ou 24. ans, que l'on eſtimoit aſſurément devoir ſurpaſſer Annibal ſon oncle : car à ce qu'il ſe voit de luy, il ſemble qu'il prenoit un plus grand vol.

LE GVIDE imita principalement Loüis Cara-

che, & retint toûjours la façon de peindre de son Maî-
stre Laurent le Flamand, qui demeuroit à Bologne, &
qui estoit competiteur & émule de Loüis Car. Le Guide
se servoit d'Albert Durer, comme Virgile du Poëte Ennius, & remettoit cela à sa Maniere avec tant de grace
& de beauté, que luy seul a plus touché d'argent, & s'est
acquis plus de reputation dans son temps, que ses Maî-
stres, & que tous les Disciples de l'Ecole des Caraches,
bien que plus capables que luy. Ses Testes ne cedent en
rien à celles de Raphaël.

SISTE BADALOCCHI a le mieux des-
seigné des autres Disciples : mais il mourut jeune.

L'ALBANE fut excellent en toutes les Parties
de la Peinture, & sceut les belles Lettres.

LE DOMINIQVIN fut un Peintre tres-
sçavant, & qui fatigua beaucoup, n'estant pas autrement
avantagé de la Nature. Il a esté tres-profond en tout ce
qui dépend de la Peinture ; neantmoins il semble qu'il
ait eu moins de Noblesse que tous les autres Disciples
des Caraches.

JEAN LANFRANC de grand esprit &
de grande vivacité, se maintint long-temps dans un excellent goust de Dessein & de Couleur; mais n'estant fon-
dé que sur la Pratique, il lascha bien-tost le pied pour
la Correction, de sorte que l'on voit plusieurs choses de
luy fort strapassées & où il n'y a pas grande raison. Au
reste, tous ces Disciples depuis la mort de leur Maistre
sont tous allez en diminuant dans toutes les Parties de la
Peinture.

LE VIOLE apprit à faire des Païsages fort âgé.
Ce fut Annibal qui prit plaisir à luy montrer; & il s'en
voit de luy de beaux à merveille & bien coloriez.

Du costé de l'Allemagne & des Païs-Bas Albert
Durer, Lucas, Aldegrave, Isbin & Olbins furent
tous de mesme temps : parmi lesquels *ALBERT* &
OLBINS furent tres-sçavans, & auroient esté de la
premiere Classe s'ils eussent veu l'Italie : car on ne les

peut blâmer que d'avoir eu le goût Gottique., & principalement Albert. Pour Olbins, il a porté l'execution
plus avant que Raphaël ; & j'ay veu un Portrait de luy,
qui en mettroit à bas un autre de Titien.

Entre les Flamands nous avons eu *RVBENS*,
homme à qui la naiſſance avoit donné un eſprit vif, delié,
doux & univerſel. Son Genie eſtoit capable de l'élever
non ſeulement au rang des Anciens Peintres, mais meſme aux Emplois les plus grands; auſſi fut-il choiſi pour
l'une des plus belles Ambaſſades qui ayent eſté de nos
jours. Son Gouſt de Deſſein ſent pluſtoſt le Naturel Flamand que la Beauté de l'Antique ; parce qu'il a eſté tres-
peu de temps à Rome. Quoy que l'on remarque dans tout
ce qu'il a fait de la grandeur & de la nobleſſe, neantmoins l'on peut dire, generalement parlant, qu'il a mal
deſſeigné : Mais pour les autres Parties de la Peinture,
il les a penetrées & poſſedées autant que jamais Peintre
ait fait. Ses principales études ont eſté faites en Lombardie, & particulierement d'apres les Ouvres du Titien, de Paul Veroneſe, & de Tintoret : leſquels il a
(pour ainſi dire) tous écremez, pour ſe faire des Maximes generales & des Regles infaillibles, qu'il a toûjours ſuivies, & qui luy ont acquis dans ſes Ouvrages
plus de facilité que le Titien, plus de pureté, de verité,
& de ſcience que Paul Veroneſe, & plus de majeſté, de
repos, & de moderation que le Tintoret. Enfin ſa Maniere eſt ſi ferme, ſi ſçavante, & ſi prompte, qu'il
ſemble que ce Rare Genie ait eſté envoyé du Ciel, pour
apprendre aux hommes l'Art de peindre.

Son Ecole eſtoit remplie de quantité de bons Diſciples, parmi leſquels *VANDEIK* a eſté celuy qui a le
mieux compris toutes les Regles & les Maximes generales de ſon Maiſtre, & qui l'a meſme paſſé dans la delicateſſe des Carnations & dans les Tableaux de Cabinet,
mais qui a eu un auſſi méchant Gouſt que luy dans la
Partie du Deſſein.

FIN.

Extrait du Privilege du Roy.

P AR Grace & Privilege du Roy il eſt permis à
CHARLES ALPHONSE DU FRESNOY de
faire imprimer un Livre, intitulé, *L'Art de Peinture*:
Et Défenſes ſont faites à tous Imprimeurs, Marchands
Libraires, & autres, d'imprimer, ou faire imprimer,
vendre, ny debiter ledit Livre durant le temps & eſpace
de cinq ans entiers, ſur peine portée par ledit Privilege.
Donné à Paris l'An 1667. Signé par le Roy en ſon
Conſeil, GARDIEN, & Scellé.

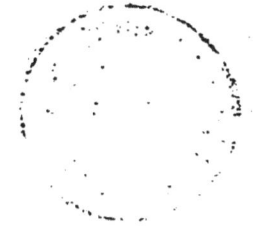

A PARIS,

De l'Imprimerie de FRANÇOIS MUGUET,
Imprimeur-Libraire Ordinaire du Roy
& de Monſeig. l'Archeveſque.

www.ingramcontent.com/pod-product-compliance
Lightning Source LLC
Chambersburg PA
CBHW071538220526
45469CB00003B/832